U0319633

班组长
安全管理妙招
100例

崔政斌　范拴红　编著

BANZUZHANG
ANQUAN GUANLI MIAOZHAO
100LI

化学工业出版社

·北京·

内 容 简 介

《班组长安全管理妙招 100 例》是"班组安全建设 100 例丛书"中的一个分册。

全书对班组长、新任班组长、年轻班组长和副班组长的安全管理工作提出了 100 个妙招，包括班组长安全工作之道、新任班组长安全工作之法、年轻班组长安全工作之策、副班组长安全工作之举。对预防事故、纠正错误、整改隐患、化解危机及文化素养等方面提出一些方式方法，对企业班组在安全管理方面具有一定的引导、指导意义。

本书可供企业各级领导特别是班组长在工作中参考和阅读，也可供有关院校的师生在教学过程中参考。

图书在版编目（CIP）数据

班组长安全管理妙招 100 例/崔政斌，范拴红编著. —— 北京：化学工业出版社，2022.2（2023.8 重印）

（班组安全建设 100 例丛书）

ISBN 978-7-122-40423-7

Ⅰ.①班⋯　Ⅱ.①崔⋯ ②范⋯　Ⅲ.①班组管理－安全管理－案例　Ⅳ.①F406.6

中国版本图书馆 CIP 数据核字（2021）第 250210 号

责任编辑：高　震　杜进祥　　责任校对：王佳伟　　装帧设计：韩　飞

出版发行：化学工业出版社（北京市东城区青年湖南街 13 号　邮政编码 100011）
印　　装：涿州市般润文化传播有限公司
710mm×1000mm　1/16　印张 11¾　字数 192 千字　2023 年 8 月北京第 1 版第 3 次印刷

购书咨询：010-64518888　　售后服务：010-64518899
网　　址：http://www.cip.com.cn

定　　价：48.00 元

2004年，我们出版了《班组安全建设方法100例》，之后又出版了《班组安全建设方法100例新编》，紧接着出版了《班组安全建设方法100例》第二版、第三版和《班组安全建设方法100例新编》第二版。在这十几年的时间里，我们共出版班组安全图书5种，为满足广大读者的需求，多次重印，累计发行超过10万册。这也说明，班组的安全工作是整个企业安全工作的基础，班组安全工作的顺利进行，企业的安全工作即顺利进行，这是广大企业的共识。

我们感觉到，虽然班组安全建设图书得到了广大读者的厚爱，但是，反过来再看这些出版了的班组安全建设图书，总觉得有些不全面、不系统、不完善。很有必要把原先的好的班组安全管理方法保留下来，增加、充实一些诸如班组现场安全管理、班组安全操作规程、班组安全教育和班组安全文化方面的内容，形成一套系列丛书，可能会对企业班组和广大班组员工的安全生产、安全管理、安全检查、安全教育、安全法制、安全思想、安全文化等诸方面起到不一样的引导、促进作用。于是，我们在原来班组安全图书的基础上，进行了扩充、完善和增补，形成了"班组安全建设100例丛书"。该丛书包括《班组长安全管理妙招100例》《班组现场安全管理100例》《班组安全操作规程100例》《班组安全教育100例》《班组安全文化建设100例》。

《班组长安全管理妙招100例》基本上是优选的管理经典，结合现在企业班组安全管理和班组长的状况，我们从生产一线精选出100个密切联系实际、贴合班组、心系员工的例子，来给广大班组长安全管理出主意、想办法、共谋略、同发展。

《班组现场安全管理100例》按照一般企业班组现场安全生产和安全管理的要求，从现场的应急与救护、现场作业的安全方法、现场安全管理的国家政策以及现场安全思想工作方法，用100个例子全面系统地加以阐述，其目的是想给班组现场安全管理提供一些思路和方法。

《班组安全操作规程100例》包含建筑施工、机械、电工、危险化学品四个行业的常用安全操作规程。建筑施工比较普遍，现代化建设离不开建筑施工。机械的规程是必须要有的，因为机械工业是一切工业之母。电工作业安全规程也是必不可少的，因为工业生产的动力之源主要是电源。另外，危险化学品的生产、操作、储存、运输环节都是危险的，很有必要汇入本分册中。

《班组安全教育100例》针对原书中方法较少的不足，新增大部分篇幅，对班组安全教育应"寓教于乐"、班组安全教育方法、班组安全工作谈话谈心教育以及新时期班组安全教育探讨，均做了一定的归纳、整理和研究。旨在让广大员工在进行安全教育活动时，能够取得好的成绩和效果。

《班组安全文化建设100例》从企业安全文化发展的趋势以及班组安全文化建设的思路、方法、思想等方面进行研究和探索。从班组安全文化建设的基本方法、班组安全文化建设的思想方法、班组安全文化建设的管理方法和班组安全文化建设的操作方法四个方面全面论述班组安全文化建设，为班组提供安全文化建设方法和食粮。

在我们编写这套丛书的过程中，化学工业出版社有关领导和编辑给予了悉心指导和大力帮助，在此出版之际，表示衷心的感谢和诚挚的敬意。也感谢参与本丛书编写的各位同志，大家辛苦了。

崔政斌
2020 年 9 月于河北张家口

现代工业生产中，保证安全生产是一项重要的任务，为了完成这项任务，需要做许多工作，例如认真贯彻安全生产工作方针，建立健全安全规章制度，设置专职安全管理机构，进行安全教育，组织安全检查等。但许多经验和事实告诉我们，在所有工作中，最基本最关键的工作是搞好班组的安全生产。

班组是企业生产工作中最基层的组织，是实现安全生产的基础。班组安全工作水平，将直接影响企业的安全生产和经济效益，而班组安全建设的成效，取决于班组长对安全生产的认识程度及所具备的安全技术知识水平和实际的组织协调能力。因此，班组长在基层中具有领导作用，更起着承上启下的桥梁作用。班组长需在坚持"安全第一，预防为主，综合治理"原则的同时，根据员工的不同特点，具体布置安全工作，组织员工学习安全知识，对组员进行安全教育，并负责好安全设施的检查，保障员工工作中的安全。

首先，班组长一定要顾全全局，关注包括上岗人员的体力、精神状态、作业环境及确认事故隐患整改情况，这是保证安全生产的前提条件。

其次，班组长必须做好班组的安全教育工作，积极开展班前安全教育活动，形成警钟长鸣的安全气氛，同时开展按时的专业性安全教育活动，起到互相补充的作用。

在平时应做到班组安全检查工作不间断。在上级领导的监督下，有序开展群众性安全检查和专业性安全检查。班组长重点做好经常性安全检查工作，按时开展班组全面安全检查工作，以确保班组生产工作的安全展开。

再次，要注意做好员工的思想工作，具备正确的思想才能做好安全工作。因此，班组长做好员工的安全思想工作是极为重要的，其中也不乏好的方法。作为基层班组管理者的班组长，其能力决定着班组的活力，直接影响到企业各项生产任务的落实和安全管理的成效。

班组千差万别，每个班组生产任务不同，工作性质不同，人员组成不同，其安全生产的要求也不相同，对于班组长来说安全管理的方法也有所不同。但是，通用的、普遍的、基础的安全管理方法还是大家有目共睹的。本书对班组长在安全管理中最通用的方法进行了一定的提炼、总结、升华，分为四章：第一章　班组长安全工作之道；第二章　新任班组长安全工作之法；第三章　年轻班组长安全工作之策；第四章　副班组长安全工作之举。

本书的编著过程得到了化学工业出版社有关领导和编辑的大力支持和悉心指导，在此表示真诚的感谢。石跃武、崔佳、杜冬梅、李少聪、王小明等同志对本书成书提供了大力帮助，在出版之际也表示诚挚的谢意。

由于笔者水平所限，书中难免存在疏漏，敬请读者指正。

崔政斌

2021 年 11 月于河北张家口

目 录

第一章　班组长安全工作之道

■ 第二章　新任班组长安全工作之法 ■

第三章　年轻班组长安全工作之策

第四章　副班组长安全工作之举

第一章
班组长安全工作之道

本章导读

　　班组长是班组的核心，在安全生产中班组长的作用是非常重要的，因此，班组长在安全管理中的方法和艺术是班组安全的基石。本章就班组长安全工作之道给出了45个方法。其中包括班组处置危机的方法，班组安全工作决策的要点，班组员工的安全思想工作，班组长安全工作的领导艺术，班组长在安全工作中的角色定位等。

　　班组长是班组建设的组织者。班组是运营成果和培养人才的阵地，班组长不仅要起安排成员业务的作用，而且要起组织建设员工人才队伍的作用。对班组成员开展思想政治工作，进行理想、信念、道德、纪律、法制等教育，带出一支思想素质高、业务能力强的员工队伍，都要靠班组长来组织实施。班组长要有效地发挥作用，需具备以下基本素质：

　　①专业。班组长应是业务专家，这样才能指导协助员工完成工作任务。

　　②学习。班组长要在重点学好岗位理论、业务知识的基础上，全面学习市场经济、现代科技、安全法规和人文科学等方面的知识，不断拓宽知识面，优化知识结构。

　　③亲和。班组长要放下架子，增强服务意识，真心实意地为职工排忧解难，以优良的工作作风，优质的服务态度，增强感召力和亲和力，努力提高自身素质，开创班组工作新局面。

　　④约束。班组长既要坚持不懈地加强班组思想政治建设，提高员工的道德修养和思想政治水平，又要注重制度建设，将好经验、好做法以制度的形式固定下来，形成班组建设长效机制，树立良好的班组长形象。

　　⑤统筹。在新的形势下，面对班组面临的新情况、新问题，班组长要总揽全局，科学决策、指挥，才能统筹协调班组各项工作。

　　⑥谋划。对班组长来说，谋划是一种非常重要的素质。为此，班组长要胸怀大局，时刻保持政治敏锐；要推进战略思维，持续保持创新激情；

要加强调查研究，把准谋划关键；要增强综合素质，提高谋划水平，从而科学决策，整体推进班组各项工作。

⑦ 协调。班组长要始终坚持民主集中制原则，把握全局，协调到位，团结和谐、干成事业；要加强交流与沟通，注意工作的方式与方法，既协调好上下级关系，也协调好内外部关系；既要学会"巧弹钢琴"，也要学会"反弹琵琶"，从而掌握分寸，把握平衡。

⑧ 执行。执行力就是落实力，是班组长作风、素质和水平的具体体现。班组长要牢固树立"落实第一、结果第一"的观念，工作既要求真务实、讲求实效，更要雷厉风行、一抓到底；杜绝优柔寡断、办事拖拉、推诿扯皮现象的发生。

⑨ 创新。班组长要创新思维，创新工作方法，全方位思考，多途径探索，在班组工作研究的广度和深度上重新审视自己，用广阔的眼界来观察问题，用敏锐的思维来分析问题，用灵活的办法解决问题，不断推动班组工作的观念创新、制度创新和方法创新，以先进的班组理念干好班组管理工作。

在本章45个班组长安全工作方法中，基本上把现阶段班组安全管理的主要内容和方法表现了出来，是班组长安全管理的"钥匙"和"锦囊"，企业的每位班组长应当学会和掌握，这样，对班组的安全管理是大有禅益的。

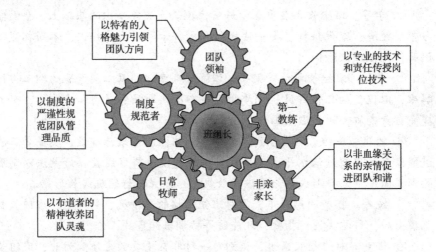

1. 班组长安全工作中角色定位的感悟

众所周知，班组长是一个班组的中坚力量，发挥着承上启下、有效执行、协调参谋的重要作用。而这些作用发挥得如何，角色定位至关重要。笔者对班组长在安全工作中的角色定位有如下感悟。

(1) 思维角色定位——放大自我

在思维角色定位上要放大自我，树立"两个意识"。一是在考虑本班组的安全工作时，应当树立越位思考的意识。要站在高一层次和全局的角度来考虑本班组的安全工作计划或方案，而不能局限于本班组的小利益，更不能因为局部利益而损害全局和其他班组的利益。二是考虑对班组员工的管理时，应当树立退位思考的意识。要站在低一层次和具体安全工作的角度来考虑有关的安全管理制度和办法，充分考虑提高效率和降低实施成本。

(2) 工作角色定位——约束自我

在安全工作角色定位上要约束自我，主要体现在两个方面。一是在班组职能人员的职责分工上明确范围不越界。二是在班组的内部分工上要明确落实不包办。班组内部包括班组长在内的每个成员的安全工作职责都是有明确规定的。因此作为班组长，属于自己分内的事，必须独立出色地完成；属于每个员工都应做的事，必须带头完成；属于下属的事，应当配合完成；属于副手的事，应当放手指导去完成。所以，安全工作上要约束自我，要发挥更多人的智慧和能量，这样才能把安全生产搞得更好。

(3) 公共角色定位——超越自我

在公共角色定位上要超越自我，主要是发挥两个作用。一是发挥"自由人"的作用。每个班组虽然都制定了安全工作职责和办事规则，明确了每个人的职责，但制度和规则大多是普遍适用的原则性规定，不可能也无法做到在制度中使任何一件具体的安全事项都一一对应。也就是说，在班组内部的一些细节或环节上，必然存在着许多职责不明、分工不细的公共领域。这时，班组长应当义不容辞地充当

"自由人"的角色，充分发挥主观能动性，主动补位，使安全工作运转保持连续高效。二是发挥"参谋长"的作用。作为一个优秀的班组长，要坚定不移地执行上级精神，在贯彻落实上级安全生产部署中大胆创新，并将执行中遇到的问题转化为意见建议，向上级报告，以便在今后的安全工作中加以改进和完善。事实上，无论是企业领导还是班组长本身，都容易忽视参谋作用。一个班组的整体安全工作要创新、要完善，其实践依据的主要来源就是班组长的安全工作建议和反馈。班组长所处的地位，决定了其具有熟悉决策层意图，了解工作层现状的优势，他们所提出的意见和建议具有较强的现实性、针对性和可行性，对于改进和完善班组的安全工作制度，提高安全工作效率，具有十分重要的现实意义。

所以，班组长在公共角色上恰到好处超越自我，不仅能够实现自身最大的价值，而且可以促进班组整体安全生产运行的稳定、和谐与高效。

2. 班组长安全工作的"加压"与"降压"

提起压力，人们往往谈虎色变，避之唯恐不及，这是由于人们只看到了压力的负面作用。其实，压力还有积极的正面作用。适度的压力不但对人的身心健康有益，而且对工作效率的提高也有很大的促进作用。因此，班组长在安全工作中要正确认识和科学运用压力，这既是班组长高超领导艺术的具体体现，也是调动下属安全工作积极性，提升班组长领导效能的一种有效方法。

(1) 程度适当是科学施"压"的基本前提

被称为压力研究大师的美国著名心理学家汉斯·塞莱博士提出了正压力

（也称为正应激）的概念。这种正压力表现的是一种积极愉快的体验，可以加深人的意识，增强人的心理警觉，还会促进人的高级认知与行为表现，从而推动个人成长与职业发展。

（2）真诚关爱是科学施"压"的重要保证

班组长在安全生产工作中要做到科学施"压"，仅仅在技术层面上做到程度适当是远远不够的，还要能够做到对下属真诚关爱。班组长的真诚关爱会赢得下属的高度信任和更多理解，使下属相信班组长对安全工作的安排是出于对班组乃至企业全局的考虑。更为重要的是，即使在完成某项安全生产任务有一定难度的情况下，下属也会始终相信，班组长是在为自己的成长进步创造条件和机会，从而能够站在班组长的角度考虑班组长的难处，自觉努力工作，与班组长共同分担安全生产压力，从而激发安全工作的主动性和创造性。鉴于此，班组长要不断加强自身修养，提升领导亲和力，切实做到从生活到工作各个层面为下属排忧解难，为下属的前途发展提供机会、搭建平台，努力营造一个团结、公正的上下级关系氛围，使下属切实感到班组的关怀和温暖。同时，班组长向下属布置安全工作任务尤其是有一定压力的任务时，要杜绝简单粗暴、命令式的"我说你做"的做法。当下属存在畏难情绪时，要动之以情、晓之以理、行之以范，向下属讲清这项安全工作的重要性，及时肯定下属的成绩，可采取及时表扬、增加待遇等办法，避免下属产生抵触情绪和逆反心理。

（3）及时释放是科学施"压"的关键所在

班组长在安全工作中对下属施加压力的同时，还要通过多种途径及时缓解释放下属的压力，这也是达到科学施"压"效果的必不可少的环节。要教会下属掌握自我缓解压力的具体方法。可以聘请心理专家为班组全体员工举办一些压力方面的知识讲座，组织压力方面的专题学习，使下属正确认识压力并掌握一些简单易行的深呼吸法、肌肉放松法、运动锻炼法、自我暗示法、呐喊法等自我解压的方法，在安全生产工作中及时进行自我解压。要通过营造良好宽松的环境来释放下属的压力。良好的环境有利于人们放松释压。要营造公道正派、团结向上的人文环境，及时解除下属的后顾之忧，减少下属由对不正之风的反感而引发的压力。

总之，班组长要采取多种措施，使下属的安全工作压力得到及时释放，从而以更多的感情和更积极的姿态投入到安全工作中去，始终保持较高的安全工作效率。

3. 班组长要巧解员工的思想疙瘩

在企业班组安全生产工作中，如果员工的思想疙瘩处理不好，不仅会影响正常的工作和学习，还容易造成不良后果。解思想疙瘩具有很强的艺术性，班组长只有掌握好这门艺术，才能有效地解开员工头脑中的疙瘩。结合工作实践，以下方法可以巧解思想疙瘩。

(1) 乘机快解

在班组实际安全生产中，有些思想疙瘩解决起来难度很大，需要暂时放一放，但是，在大多数情况下，员工一旦产生思想疙瘩，就需要抓住时机，尽快解决。如果拖延下去，就有可能使简单的问题复杂化。如何乘机解决呢？首先，要尽快抓住思想疙瘩的要害。对待有思想疙瘩的员工，要耐心听取意见，不要摇头否定。要注意观察，能见别人所未见、闻别人所未闻，以小见大、以近知远、见微知著，这样才能及时发现思想疙瘩的症结所在，为思想转移工作做好准备。其次，要及时妥善处理，避免拖延。解决员工的思想疙瘩要善于抓住时机，一旦时机成熟，就要"快刀斩乱麻"，速战速决，一举成功。

(2) 避让缓解

在班组安全工作中，当一个员工有了思想疙瘩时，就很容易冲动，常常讲话尖刻。班组长遇到这种情况时切莫暴跳如雷，感情用事，也不应该以怒制怒，否则会产生严重的后果。此时，班组长的情绪应富有"弹性"，要让对方情感的"冲击波"缓冲一下，待对方强烈的情绪"降温"后，再晓之以理。这样才能收到"以静制闹""以安降急""以柔克暴"的功效。只有当对方的思想情绪平稳下来，才能通过谈心方式使他们畅所欲言，把心里话讲出来，从而提高认识，进而解开思想疙瘩。

(3) 疏通调解

疏通是调解的前提，调解是疏通的延续。员工的思想疙瘩是由某些方面错误的或片面的认识纠结而成的，具有一定的稳定性，一时很难解开。这就要求班组长把疏通和调解巧妙地结合起来，做到"循循善诱"，这样才能使思想疙瘩逐一被解开。有思想疙瘩的人，一般在言行上有所表露，甚至无所顾忌。因此，正确的疏通应奉行"言者无罪，闻者足戒"的原则，充分创造条件，让员工广开言路，这样才能找准思想疙瘩的"结"，才能使调解工作有的放矢。同时，要在疏通中做好调解工作。疏通是为后面的顺利调解做准备的，调解工作要渗透到疏通工作的全过程，坚持疏通一点、调解一点，从而循序渐进地解开员工的思想疙瘩。

（4）区别分解

在班组安全工作中，员工产生思想疙瘩的原因是复杂的，有时是多种因素形成的，是各种矛盾的综合体，没有一个人的情况是同他人完全相同的。班组长要善于区别哪些是属于工作上、业务上的思想疙瘩，哪些是属于个人关系上、利害上的思想疙瘩，善于把由工作、业务而产生的思想疙瘩与由个人利益、感情而产生的思想疙瘩区分开来，不要把它们搅在一起，使问题复杂化。是什么问题就解决什么问题，这样，思想疙瘩就会被简化，从而变得容易解开。不同的人有不同的个性，班组长要根据存在不同思想疙瘩的不同工作对象的特点采取不同的解决方式。如对个性开朗直率的，要单刀直入，阐明事理；对自尊心强的，要点到为止，正面引导；对心胸狭窄的，要典型引路，开阔胸怀；对粗暴急躁的，要避开锋芒，坚持疏导；对沉默寡言的要耐心细致，多讲道理；等等。

（5）迂回巧解

迂回巧解主要应采取两种方式：一是迂回说理，有些员工的思想疙瘩比较棘手，正面"强解"难以奏效，因此应避其锋芒，采取迂回说理的方式，理直何须气壮。二是间接传导，就是充分发挥中间环节的媒介作用。可借助工作对象的家庭成员、老乡、同事、战友等进行规劝，让其分清是非。诸如此类的方法还有很多，只要班组长用心研究，选好突破口，再难解的思想疙瘩也会轻而易举解开。

4. 班组长赞扬下属"三忌"

众多研究与实践证明，赞扬是激励下属的重要方法之一，因为在班组安全工作中，班组长的赞扬既是对下属的某项安全工作成绩的肯定，也是对下属的关心和信任，良好的赞扬方式和赞扬内容既有利于提高下属的安全工作效率，也有利于班组长与下属关系融洽。通常情况下，班组长赞扬下属有"三忌"。

（1）忌横向对比式的赞扬

赞扬与批评是班组长惯用的激励手段。很多班组长喜欢采用横向对比法，如利用公布排行榜、表彰大会等方式激励下属竞赛，从而提高安全工作效果。当纠正某一下属在安全工作中的不良行为时，常常采用赞扬其他下属的方式进行对比式评价。这种在下属之间进行横向对比的赞扬，只会导致下属之间的关系紧张。因为，班组中每一位下属都渴望得到班组长的认可，班组长在众多下属面前赞扬某一下属会刺激到别的下属，导致下属之间关系不融洽，处理不好，甚至会导致某些下属之间的互相拆台，唱对台戏。更为严重的是，会导致某些下属越来越气馁，因为"山外有山，人外有人"，个人工作干得再好，但由于某种原因或某个条件的限制总是比不过同事。为了谋求心理上的平衡，他们就放弃努力，自暴自弃，消极怠工。而对于被赞扬的下属来说，他们也会由于班组长的赞扬而招致其他同事的嫉妒，造成人际关系的紧张，进而影响到安全生产工作。因此，班组长只有注重从下属自身的纵向发展过程来评价下属，赞扬下属，激励下属与自己竞争，不断超越昨天的自我，才能避免其他下属的嫉妒，才能为下属的安全生产工作注入更多的活力。

（2）忌不真实的赞扬

班组长在安全工作中赞扬下属，贵在真实。所谓真实，一是指班组长对下属的赞扬要真实，应发自内心，不是为了某种功利性的目的；二是指班组长所赞扬的下属的安全生产成绩要真实，不能随意地夸大或缩小；三是指班组长赞扬下属的表现要真实，要具体化，而不是笼统、概括式的赞扬。首先，班组长赞扬下属要发自内心。其次，班组长赞扬下属的工作要真实。再次，班组长要

赞扬下属的具体安全工作，而不是笼统概括性总结。班组长只有针对下属的某项具体安全工作进行赞扬，才能让下属感觉到赞扬的真实性。

(3) 忌重复式赞扬

如果说，从方式上班组长要忌横向对比式的赞扬，从内容上班组长要忌不真实的赞扬，那么，从数量上，班组长要忌重复式的赞扬。在班组安全工作中，班组长赞扬下属是必要的，但一定要掌握好度，因为赞扬过多也能成灾。首先，班组长要珍惜自己的赞扬权。其次，班组长要善待自己的赞扬权。再次，班组长要多学习，提高自身的素养，尽可能多地掌握赞扬下属的方式方法，努力做到每次赞扬的内容和方式都不重复，使下属对班组长的赞扬存有惊喜和新鲜感。

5. 做一个"零授意"的班组长

在企业班组经常会看到这样的现象，有的班组长在给员工布置安全工作时，总是千叮咛万嘱咐，又是作业程序，又是注意事项，恨不得自己亲自干才放心。其实这并不是科学的领导方法，因为当班组长给出具体的安全工作思路时，就束缚了员工的创造性，实际上也就是授意下属按照自己的想法和思路去完成安全工作任务。那么，在班组安全生产中，怎样才能成为一个"零授意"的班组长呢？应要做好以下两个方面的工作。

(1) 改变班组长的站立点

改变班组长的站立点就是转变领导工作的理念，具体来讲，就是把班组长领导工作的重点从具体安全生产任务的执行上转变到全局战略的谋划上，其核心思想是改变对下属安全工作的领导方法，激发下属的安全工作积极性和灵感，发挥下属应有的工作能力和水平。客观地说，这种领导观念的转变确有一定的难度，尤其在我国传统文化的氛围中更是一件比较困难的事情。因为长期控制型、指挥型的领导作风根深蒂固，不可能一下子改变，在改变过程中甚至还会有人认为，领导不说详细细节好像是对工作的不重视，领导的权威性也不能充分体现。班组长要克服这种思想，改变站立点，就要注意两点：一是班组长要认识到即使是自己的一个小小的授意，也会使下属想方设法地按领导的意图去解决问题，这既不利于发挥下属的安全工作能力，也不利于提高安全工作效率。二是班组长要意识到自己绝对不可能亲自做好每一件事情，必须实现职能转换，把自己的职能定位由完成具体的安全工作任务转变为放手由下属完成具体工作。

(2) 激活下属的兴奋点

在班组长的站立点转变过来以后，紧接着就是要激活下属员工的兴奋点。这可以从以下三个方面入手。

首先，树立为下属搭建平台的意识。"零授意"管理，从某种意义上说就是为下属施展才华提供机会。通过实施"零授意"，可以从思想深处唤起下属对安全生产当事业干的使命感，使下属感到班组长安排安全工作是展示自己能力和水平的平台，从而激发下属创造性地做好本职安全工作的积极性。

其次，坚持以人为本的理念。坚持从人的全面发展，也就是下属自我价值实现的角度来改进安全工作方法，如多用鼓励性的话语激活下属的创新思维，对下属的工作及时给予肯定等，从而使下属感到班组长既充分信任自己，又认可自己的价值和工作能力。

再次，营造和谐的安全工作环境。环境既可以激发人的灵感，也可以禁锢人的灵感。如今，人们对和谐的工作环境要求越来越高了。所以，根据安全工作性质和任务，营造适应班组特点和性质的民主安全工作氛围，以激发下属的创造性，也是"零授意"管理应该注意的事情。

6. 班组长安全工作中信任下属有"四忌"

信任下属是班组长有效开展安全工作的前提条件之一，但班组长对下属的信任应把握一定的度，适可而止。班组长如何把握对下属的信任度，需要认真对待。对下属的信任，应当有"四忌"。

(1) 忌情感之私屏蔽公明

信任是欣赏、是动力、是资源，要科学区分不同情况，恰当把握信任度，不挥霍，也不吝啬，不为情感所蔽。在班组安全工作中，班组长对下属信任的基础是情感。人的本性是情绪优先，理性次之。企业中大多数班组长都是性情中人，是爱憎分明的。但情感有时并不可靠，因为情感一旦游离理智就容易形成偏私。班组长对那些平时好感多一些，缺点不太明显而又在安全生产中做出成绩的下属，往往会褒奖多一些；而对那些平时好感少一些，缺点明显而又有在安全工作中失误的下属，相应地会态度冷一些，批评多一些。这里的关键在于，看一个下属，应看其表现是不是与其安全工作成正比，是不是与其安全创新精神相伴生。有些人喜欢夸大自己的成绩，掩盖自己的失误。有些人埋头苦干，干好事多，得罪人多，敢于创新，失误也多，再加上不善于汇报表现自己，就注定不招班组长喜欢，受批评、冷遇就在所难免，这样一来，就容易背上思想包袱，甚至受到伤害，结果原本的长处也发挥不出来，渐渐萌生消极懈怠、怨情不平之气，挫伤安全工作积极性。

（2）忌宠信成戏反被愚弄

现代著名诗人卞之琳有一首诗："你站在桥上看风景，看风景的人在楼上看你。明月装饰了你的窗子，你装饰了别人的梦。"短短四句，却揭示了人与人之间的相互解读、相互装点的哲理关系。班组长时常处于员工的关注之中，有时候无意的一句话，可能就会被人反复琢磨，作为解读班组长内心世界的一把钥匙。作为班组长，班组员工簇拥在周围，变着法子迎合，无形中把班组长推向前台，从一个识人、用人的主导者变成一场游戏中的主角，被愚弄的对象，趁机探测班组长的喜好、倾向、观点、意见，借题发挥，大做文章；更有甚者，打着班组长旗号达到不可告人的目的。

（3）忌以偏概全限制发展

在班组安全工作中，有的班组长用人，信任成了取舍的凝固点，只要用得顺手，就不放手，不管这个人还有其他什么潜质，只取自己认可的这一点，哪怕这个人其他方面有比这一点更大的使用价值，更大的能量，一概视而不见，束之高阁。不管这个人还有其他什么发展趋向，只限定在这个范围，哪怕其在此之外有更广阔、更适宜的发展空间。有的班组长用人，信任成了一种惯性，把所信任的人当作"万金油""救火队"，哪里需要就塞到哪里，看似重才，实则害才，因为人才在频繁的变岗中，难以经受专业所需的系统学习、磨炼和考验，难以提高水平，担当安全生产重任。

（4）忌倚重承诺超越制度

在某些地方，下属安全工作搞好了当然会获得班组长的信任，搞不好，原有的信任仍然可以在一定程度上作为挡箭牌，制度在此显得可有可无；在某些生产岗位，选拔使用员工时，对有的员工没完没了考察，但班组长印象好的员工都可以不经考察上岗，制度在此显得形同虚设；在某些时候，对新人物新作为，不仅没有一个简便适用的信任评价系统，反而评价考核举措失当，用死框框套活人，制度在此又显得碍手碍脚。这些都促使班组长从社会学的角度审视：我们为什么信任？信任谁？我们对每一位下属的信任是在什么背景之下产生的？信任怎样融入制度考核？信任里面有哪些理性的成分？把这些问题想明白了，相信在班组安全工作中，班组长在制度和信任之间会有一个适当的把握。

7. 班组长安全工作中要做到"五个善于"

班组长作为企业里一个班组的"领头羊"，岗位十分重要，责任十分重大。在新的形势下，如何履行好班组长的职责，在班组安全生产中，如何能执行好上级的决策和管理好班组员工，要做到"五个善于"。

（1）善于理思路

在班组安全工作中，班组长的重要职责就是出主意、想办法、理思路。理思路既是调查研究、认识问题的过程，也是科学安全决策、解决安全问题的过程。

（2）善于带班子

能否带好一个班组班子，是班组长管理能力和领导水平的重要体现。所以，班组长必须把带好班组班子作为自己的重要职责，努力把班组班子带成团结协作、风正气顺、干事创业的班子。

（3）善于用员工

一个称职的班组长，在安全工作中不仅要多谋善断，带好队伍，还必须知人善任，注意挑兵选将，把那些靠得住、有本事的员工选派到重要生产、操作岗位，从而充分调动全班组在安全生产中干事创业的积极性。

（4）善于创环境

环境是发展的外因。环境就是信誉度，就是形象，就是生产力。在班组安全工作中，抓环境就是抓发展，就是抓效益。班组长要树立科学的安全发展观，紧紧抓住第一要务，努力营造企业无事故、员工无违章、岗位无隐患和员工最安全、创业最宽松、企业最文明的环境。

（5）善于抓落实

安全工作决策是安全行为行动的先导。安全工作决策的目的是付诸实施，尽快转化为经济效益和社会效益。所以，推进班组安全工作决策落实往往比做出安全工作决策更为困难，也更为重要。

8.　班组长安全工作中用权要有"分寸感"

班组长在班组中处于核心地位，起着关键作用，负有全面责任。而班组长用好手中的权力，发挥好关键作用，两个字最重要，一个是"道"，另一个是"度"。"道"是指方向性、原则性的东西；"度"是指分寸尺度。对"度"的问题悟得深、把得准、用得好，就能使"道"得到全面贯彻落实，唱响"主旋律"，架起"连心桥"，倡导"齐步走"，克服"左右左"，增强向心力，从而实现主观与客观、动机与效果的统一。

（1）在安全决策过程中，当好"主管"不"主观"

在班组，任何一项正确的安全工作决策，都是集体、经验、智慧、知识的结晶。由于班组领导班子中各成员的地位、职责、阅历、能力等诸多因素的不同，对各种安全工作决策预案往往会出现仁者见仁、智者见智的情况，这就要求班组长在安全工作决策中当好"主管"，发挥协调各方、整合信息、正确集中的作用。

（2）在安全工作决策实施中，善于"总揽"不"独揽"

一个班组的安全生产工作虽然涉及方方面面，但都囊括在班组长总揽全局的责任范畴之中。然而，负总责、负全责，并不意味着班组长可以对每一项安全工作等量齐观、平均用力，而是要抓关键、抓要害、抓主要矛盾。如果班组长把权力紧紧抓在自己的手里，什么都要自己说了算，就会使班组员工迈不开步、走不动路、欲干不能、欲罢不忍。到头来，班组长就会成为孤家寡人，什么事都办不好。班组长负总责、负全责，就要根据班组的情况和实际安全工作需要，逐级分解职责和权力，使班组员工职责分明、权利适当，有职有权，形成明确、适当的权责体系。在安全工作决策实施过程中，班组长对碰到困难的班子成员要鼓励帮助，对遇有紧急情况或重大安全问题来不及请示报告的要谅解；对他们决定的问题、处理的事情，只要不是有原则性、方向性的问题，就不要轻易否定；需要改正的也要引导，让其发自内心地重新决定；班子成员在安全工作中出错时，要主动为其分担责任，一起总结失误的经验教训。

（3）在解决安全矛盾时，处事"果断"不"武断"

企业的生产是复杂多变的，在安全生产中各种矛盾层出不穷，产生一些突发、危急和疑难事件在所难免。班组长接触、处理这些问题应果断而不武断，要善于在偶然性中发现必然性，把握突发事件发生的规律性，掌握处理突发事件的本领，提高安全工作领导效能。首先，必须总揽事件的全局，通过精细快速地调查了解，尽快摸清事件的全貌和种种原因。其次，对现象和原因进行分析梳理，透过现象和员工情绪，准确地弄清事件的性质、趋势及发展后果。再次，根据对事件的原因及性质的把握，找出解决问题的办法，迅速地做出安全工作决策，不能犹豫不决，贻误时机。

（4）在日常相处中，宽容"大度"不"无度"

班组长要有宽容的气度，大度才能容人，才能团结班组员工一道工作。不但要团结与自己意见一致的人，而且要团结那些反对过自己并被实践证明是反对错了的人一道工作。要在安全生产工作中能容人小错、容人大短、容人唱反调，同时还要掌握好宽容的"度"，对班组员工要做到政治上充分信任，工作上尽力支持，生活上热情关心，又要做到信任不放任，爱护不袒护，绝不能回避问题、逃避矛盾。班组长和班子成员之间要做到：互相支持不争权、互相信任不猜疑、互相尊重不拆台、互相配合不推诿。要在安全工作目标一致的前提下，配合默契、形成合力、患难与共，无论在什么处境下，都能结成齐头并进的和谐整体，让上级领导感到放心，让班子成员感到舒畅，让下属员工感到满意。

9. 班组长在安全工作中要善用发散思维

发散思维是指领导主体从不同方向、角度、层次进行思考，以寻找解决问题的各种办法的思维过程。对班组安全工作来说，班组长的发散思维具有多维性、变通性和创造性等特点。班组长思维对象的多样性，决定了发散思维在领导思维中是一种具有普遍性的方式。发散思维在安全工作中的运用，主要表现在以下几个方面。

首先，从发现安全问题的角度来看，班组长思维的发散面越广、发散量越大，就越能敏锐地发现安全问题和提出安全问题。安全问题是思维的起点，只有发现了安全问题才能提出领导思维课题，确定班组长领导思维方向。如果在班组安全工作中连安全问题都找不到，有价值的安全思维活动就无从提起。一个在安全工作中思维封闭的班组长往往很难发现安全问题，即使发现了安全问题，也往往是些无关紧要的或人所共知的小事情、老问题。有的班组长总是把班组的现在和过去进行比较，把自己的优点和别人的缺点进行比较，总觉得现在比过去好，自己比别人强，沾沾自喜、洋洋自得、不思变革、不思进取。而在安全工作中持有发散思维的班组长则不同，他们不只是把现在与过去进行比较，而且同未来比，同周边比，同国内国际比，这样就容易发现安全问题，明确班组安全工作的方向和任务。

其次，从解决安全问题的角度来看，班组长思维的发散面越广、发散量越大，解决安全问题的办法也就越多，有价值的办法出现的可能性也就越大，从中选优，就可以筛选出解决安全问题的最佳方法。当班组长遇到安全问题时，如果打不开思路，将思维禁锢在陈规陋习、条条框框中，只有极少的解决安全问题的老办法，那就没有择优的余地，也就无法进行比较。如果班组长采用发散思维，就能拓宽思路，找出多种可行的解决安全问题的方案，就有比较和选择的余地，办法越多，可供选择的余地就越大，也就越能选择出有价值的办法来，从而为取得最佳的安全工作思维效果提供可能。

再次，从总结安全经验的角度来讲，班组长思维的发散面越广，发散量越大，总结的安全经验教训就越全面，就越能正确指导今后的安全工作，减少安全生产中的失误。一个具有发散思维的班组长在总结安全思维成果时，不只是看成绩，还看差距和不足。这样，就会不满足于现有的成绩，就不会把取得的安全工作成绩只归功于自己，而是归功于班组和员工，这样的班组长才能永远不自满、不骄傲、不停步。

最后，从创新安全思维的角度来讲，发散思维是班组长安全工作中创新思维的一种重要形式，没有发散思维就没有班组长安全工作的创造性。可以说，班组长的思维创新，几乎都是运用发散思维的结果。在班组安全工作中善用发散思维的班组长，不迷信任何偶像和一切不适应现实情况变化的旧观点，善于吸取旧事物、旧观念中的合理因素，在继承的基础上进行创新，提出自己的新观点、新思想。

10. 班组长要善用赏识

赏，欣赏；识，识别发现。顾名思义，赏识是尊者或领导者对他人或下属表现出的认可、欣赏的态度。赏识犹如爱美之心，是认识、评价他人的一种本能的心理活动。赏识是管理活动中抹不去的心理元素之一。管理活动中的赏识一般来自三种动机：一如"对镜"，即见君如见己，对于自己有某些内在相似者的自然亲切感；二如"赏花"，对才能或美德的由衷喜爱、欣赏；三如"舐犊"，对优秀人才的关心、关爱，特别是对有潜力的年轻人尽快成长成才的殷切期望。班组长对下属的欣赏往往是一种动机为主导，多种心理共存。多样的心理共存，为赏识的普遍存在提供了土壤。在组织中，只存在欣赏谁或不欣赏谁，只存在谁被欣赏或者谁不被欣赏，而不存在与欣赏无关的人。无论是领导者或被领导者，概莫能外。

(1) 欣赏是把双刃剑

纵览古今，成于赏识者不胜枚举，败于赏识者亦大有人在。齐桓公对管仲的慧眼识英雄成就了齐国霸主的地位，乾隆对和珅的错爱酿成了清王朝的贪腐悲剧。擢才既不能完全依靠赏识，又不能没有赏识。赏识之道的确不可不察。

在企业班组，赏识可以成为优秀人才成长的快车道。从一定意义上讲，善于欣赏是班组长的一种智慧，善于获得赏识是班组成员的一种能力。其一，班组长善于赏识是选人用人传统而重要的渠道之一。选任制、考任制是人类迄今为止发明的两种主要的选人用人方式。选任制的历史和适用范围较之于考任制要久远、广泛得多。在古代，大部分官吏的擢升都是采用选任的方式，通过科举直接考出来的官员是少数。即使在公务员招录制度重大改革的今天，考任制的适用范围依然很有限。只要有选任的地方就有欣赏的影子。而且随着干部选拔任用民主程度的不断提高，群众说话的分量越来越重，赏识的范围从以前领导的单纯赏识，扩大到现在群众、领导、组织的共同赏识，赏识在选人用人中或隐或显地发挥着重要作用。其二，善于获得领导和群众共同赏识是优秀人才展示自我、脱颖而出的方式之一。

(2) 如何运用好赏识

赏识有三种境界：赏识于利，赏识于艺，赏识于心。于利，处于私心，贪图厚利，是赤裸的权力交易；于艺，看重技能、技艺，是用人一技之长；于心，赏识的是品行、能力以及综合素质，是识才、爱才、惜才的最高境界。

班组长要追求高境界的赏识，采取趋利避害的理性态度，既不能把赏识作为人治的象征完全否定，也不能片面夸大它的正面作用。班组长在班组是一面旗，班组长的一举一动是下属言行的风向标。班组长的赏识取向往往影响着下属寻求赏识的动机和行动。建立良性的赏识与被赏识关系，班组长是关键，班组长需要具备科学的赏识观和艺术的赏识法。

① 把准方向。首先，赏识体现用人导向。在班组安全工作中，班组长赏识一个人才会激励一大片，赏识一个庸才会挫伤一大群。班组长要树立正确的赏识观，坚持正确的用人方针，特别要把德才兼备、以德为先、业绩突出、群众公认作为赏识人才的根本指南。其次，赏识反映个人修为。坚持用人标准，其实也是坚持做人标准。班组长欣赏什么样的下属，折射出班组长自身的德行、素养、格调。所以，班组长要将公道、正派、无私的做人标准贯穿到对下属的赏识之中去，也要在班组安全生产过程中识人、察人，反省自身的做人标准，从而促进自身的进步。

② 潜显兼重。在赏识上，班组长应做"吝啬鬼"，不应轻易赏识什么人。

在坚持大原则的基础上，还应有严格的标准。德才兼备永远是品评人才不可遗弃的重要标准。德主要看行动，才主要看业绩。然而在现实的班组安全生产中，行动和业绩往往既有外显的，又有内隐的，只有全面了解，才能准确识才。首先，关于行动。行动总是有实有虚，虚的在于掩饰或传递信息，实的才反映真实、体现德行。班组长全面了解下属，既要看一时的行动，也要看长期的坚持；既要看安全工作中的表现，也要看在生活休闲中的志趣；既要看和班组长在一起的态度，也要看和同事、员工在一起的做派。其次，关于业绩。在没有制度引导约束的情况下，人们都有采取短期行为的冲动。对于立竿见影的政绩工程，大家趋之若鹜，而对于利在将来的长期事业，则鲜有人问津。既要看到显绩，又不能忽视潜绩，才会对下属的安全工作业绩有全面客观的评价，才有助于纠正下属以不计成本的"政绩工程"邀功请赏的投机行为。

③ 明暗有别。赏识包含着丰富的领导艺术，它既是发现人才的途径，也是激励人才的手段。班组长在安全工作中有效地运用赏识，可以发挥不同的激励效果和管理作用。其一是"明赏"，即在一些公开场合直接激励下属，本人及周围人都感知到赏识的存在，这种赏识法既能对下属产生强烈的激励，也能帮助下属树立威信，起到在班组中树立榜样、激发竞争的作用。其二是"暗赏"，即并不以任何方式向任何下属表明赏识的存在，而是在暗中赏识，暗中培养。这种方式对于竞争比较激烈的下级关系是稳妥的，避免了"明赏"可能引起的相互排斥、恶性竞争，有利于维护下属成长的良好环境。其三是介于前两者之间，即只让赏识对象知道赏识的存在，是对前两种方式特点的折中。

总之，为政之要在于用人，用人之要在于善赏识。在班组安全工作中，班组长没有正确的赏识，就不会有人才脱颖而出。历史上几乎每一位成功者身后都能寻找到伯乐的影子。新时代的人才观需要我们抛开对赏识的传统偏见，更需要对赏识的观念、方法进行科学化的重塑，从而将旧时的宫廷权术净化为新时代的科学管理。

11. 班组长要善于优化下属成才的安全工作环境

在班组领导工作中，必须调动下属的积极性。班组长是否有水平，自身的能力发挥只是一个方面，关键在于能否把下属的能量充分发挥出来。在安全生产工作中，要充分发挥下属的能力，就必须善于优化下属成才的安全工作环境。

（1）对下属要真知深知

古语说："知己知彼，百战不殆。"知的目的在于对下属知得越深，下属的作用就发挥得越好。班组长在安全工作中对下属的了解可以分为三个层次：浅层次的"知"是了解下属的基本情况，以便凭经验按常规安排使用。在这种情况下，用人具有较强的主观性。中等层次的"知"是对下属的安全工作能力、人品、习惯、优缺点及主要想法都了如指掌，在用人上根据情况量才使用，能做到客观公正，人尽其才。高层次的"知"是在前两个层次的基础上，进行心与心的交流和沟通，这种"知"不再是一般意义上的了解，而是从了解变成了知己，达到了高度信任的程度。

（2）对下属要敢用善用

班组长在安全工作中一是出主意，二是用人员。广义的用人员就是用人才。什么是人才？有的人认为只有才能出众的才算人才，其实有用之人就是人才。作为班组长，会用人才的只能算称职，会用偏才的仅是懂得一点门道，会用庸才的才算掌握了用人的真谛。班组长在安全工作中用人就是要短中见长，庸中见智。一是要学会用人之长。用人贵在用其长，一流人才当三流人才用，他也许还不如三流人才干得好。二是要注意发挥人才的整体效益。一个班组的安全工作不是靠一两个人的努力就能干好的。三是用人要以安全工作任务为牵引。用人的目的是完成安全生产任务，班组长要根据任务用人。四是要重用优秀人才。虽然每个有用之人都是人才，但只有重用优秀人才才能既使安全工作产生巨大的效能，又起到导向作用，使更多的优秀人才脱颖而出。

（3）对下属要注重培育

一个班组要想有诸多的安全工作人才出现，必须抓紧培育人才。培育人才要做到四个结合：一是重点培养与集体培训相结合。二是离职培训与在职培养相结合。三是安全工作能力培养和安全素质培养相结合。四是理论培养与实践锻炼相结合。

（4）对下属要关心体贴

关心体贴就是为下属创造良好的安全工作环境，让下属以积极的心态投入安全工作。一是必须让下属心情舒畅。二是要善于创造一个奋发向上的安全工作环境。人的追求是多层次的，而安全工作是人们实现追求的一种方式。作为班组长，当下属的目标需求或待遇尚不满足，有意见的时候，就要进行解释和耐心的教育，并在可能的情况下给予调整和改进。如果下属太知足了，又必须注入竞争机制，提出新的安全工作目标，以调动班组员工的安全生产积极性和工作热情。

12. 直觉决策：班组长安全工作决策的重要方式

(1) 深化对直觉安全工作决策重要性的认识

① 直觉安全工作决策是科学决策的重要形式。决策是班组长对未来安全行动方案的抉择。人们在长期进化的过程中，不仅形成了利用逻辑思维对事物进行分析、判断，按一定程序决策的程序化决策能力，而且形成了不需要分析、抽象、归纳、推理，凭借自己的直觉、洞察力对事物进行准确判断，从而进行直觉决策的能力。班组长安全工作直觉决策能力的形成，是以人在进化过程中形成的右脑具有的直觉判断功能为基础的。班组安全生产的实践证明，直觉决策和程序化决策一样能够对事物进行科学准确的把握，是科学决策的重要形式。就其正确性而言，直觉安全工作决策并不亚于程序化决策。

② 直觉安全工作决策是解决紧迫安全问题的必然选择。在班组安全生产实践中，有些遇到的日常安全问题并不紧急。这些问题对班组发展中所起的作用比较缓慢，或经过一段时间后才会发生作用。而直觉安全工作决策可在瞬间或较短时间内做出决断，因此，班组解决紧迫安全问题运用直觉决策更具一定的优势。

③ 直觉安全工作决策是解决模糊安全问题的客观需要。班组长在安全生产中通常面临的问题有一些比较简单明了，有些事物内在本质的信息暴露比较充分，人们根据已有的技术、知识、经验可以掌握足够、准确的有关判断事物本质和发展趋势的信息。而有些安全问题错综复杂，人们对其认识还比较模糊。程序化安全工作决策需在充分把握信息的基础上，依据充分的信息推理事物的发展趋势，找出问题的症结，提出解决的对策。而直觉安全工作决策成为

班组解决模糊安全问题的惯用方式。

④ 直觉安全工作决策是解决相似安全问题的快捷方法。在班组安全工作中，有些安全问题会经常出现、反复发作，也有些安全问题尽管不完全相同，但在本质上属相似的问题，这些安全问题属同一类问题，在本质上是相同的，在运行发展过程中，遵循基本相同的规律。因此，如果对相同或类似的安全问题再进行程序化决策，既没有必要，也是一种资源浪费。班组对于相同或类似的安全工作决策、相同或类似安全问题采取相同或类似的对策本身就是一种直觉安全工作决策，直觉安全工作决策是班组解决相似安全问题快捷简便的有效形式。

(2) 把握直觉安全工作决策的本质特点

① 直觉安全工作决策的特点。直觉安全工作决策是人们根据直觉进行行为选择的一种决策方式。直觉安全工作决策有如下特点：一是直觉安全工作决策是一种非程序化的直觉思维。它是人类在长期进化的过程中，通过种群基因信息积聚遗传下来的，是人们在生产生活及社会实践活动中基于环境和经验的非理性思维方式。二是直觉安全工作决策基于经验。在班组安全工作过程中，人们积累的大量丰富的经验，成为直觉安全工作决策的前提和基础。三是直觉安全工作决策简易快捷。做直觉安全工作决策的人，在接收到需要解决安全问题的相关信息刺激后，能迅速快捷地做出决策反应。

② 直觉安全工作决策的本质。直觉安全工作决策的机制是：人们通过内隐学习，将大量安全生产实践中"问题-对策"信息储存在大脑中，形成经验系统，一旦被需要解决安全问题的信息激活，就会根据以往"问题-对策"经验，对需要解决的安全问题进行判断，做出反应，提出对策方案。其一，内隐学习是直觉安全工作决策的前提。所谓内隐学习，是指员工无意识获得安全工作实践中的具体知识经验的过程。其二，经验系统是直觉安全工作决策的基础。经验系统是员工通过内隐学习，储存在大脑中的安全信息积累，是直觉安全工作决策的基础。其三，安全问题信息的刺激是直觉安全工作决策的条件。其四，通过经验系统对安全问题进行直觉判断是直觉安全工作决策的关键。

(3) 提升直觉安全工作决策能力

①勇于实践，积累经验。②平衡情绪，增强自信。③自我检查，经常反馈。

任何安全工作决策都是主观见之于客观的东西，都有一定的局限性，加之组织始终处于不断的变化之中，因此，班组长很快做出的直觉安全工作决策不可避免地会出现偏差，或直觉安全工作决策随时间的推移而过时。这就需要班组长根据事态发展的需要，及时对直觉安全工作决策进行反馈和修正，尽量避免失误出现。

13. 班组长要善于开发和获取安全信息

现代社会已进入信息社会，一个称职的班组长，必须树立强烈的信息意识，善于开发和获取信息，才能提高领导水平和工作效率。那么，在信息社会中，班组长怎样才能开发和获取安全信息呢？

(1) 班组长要把安全信息工作列入重要议事日程

作为班组长，要在班组制定一套制度和方法，对安全信息工作要经常过问、指导，并做调查研究，获取安全生产的第一手资料，以便取得领导班组安全工作的主动权和发言权。要特别注意收集那些与本行业、本企业安全生产密切相关的信息，把握全方位安全信息服务的机遇，既要重视纵向的安全信息传递，也要加强本行业、本企业横向的安全信息联系，尽可能捕捉和收集创见性的安全信息、超前性安全信息，以便指导自己班组的安全工作。

(2) 开发和获取安全信息要掌握科学的方法

班组长在开发和掌握安全信息时，要尊重事物特征的客观性，反映事物变化的真实性，一切从实际出发，不人为地夸大、缩小或过分地修饰。要从不同的角度和侧面看出问题的实质，多层次多侧面地显示事物，增强安全信息的可信度。紧紧抓住收集、加工、筛选、反馈四个环节，使安全信息迅速转化为生产力，转化为财富。

(3) 班组长要把握信息现代化的机遇

科学技术的迅猛发展，给信息工作带来了新的机遇。应急管理部安全信息网，各省、自治区、直辖市应急管理部门均已开通安全信息网，各市、县应急管理部门也及时通报各种安全信息，为班组长掌握现代安全信息提供了机遇，开辟了施展才华的平台，掌握和获取安全信息正是最佳时期。

(4) 要广开安全信息源利用信息载体获取安全信息

员工的安全生产实践是安全信息的资源，社会舆论是安全信息的蕴藏地，安全书报、杂志、资料、广播、电视、网络等都是安全信息的载体，图书馆、资料室、展览会、网络间等场所是安全信息的积存地。这些都是班组长开发和获取安全信息的重要渠道。

总之，安全信息是安全活动所依赖的资源，安全信息是反映人类安全事务与安全活动之间的差异及其变化的一种形式。安全科学的发展离不开信息科学技术的应用。班组安全管理就是借助于大量的安全信息进行管理，现代化水平取决于信息科学技术在班组安全管理中的应用程度。班组长只有充分地发挥和利用信息科学技术，才能使班组的安全管理工作在社会、生产、现代化的进程中、全面建成小康社会中发挥积极的指导作用。

14. 班组长安全工作中"养心"的四种方法

人的心态受一定社会环境的影响，但其根源在于人的世界观、人生观、价值观在人心理上的经常性反映。那么，班组长如何在安全生产实践中和安全知识学习中提升心态修养呢？以下为班组长应该在安全工作中具有的"养心"四法。

(1) 给情绪装个"安全阀"，先把"泥点"晾干

班组长在安全工作中需要给自己的情绪装个"安全阀"，学会经常性心理调整、心理放松、心理解压、心理转移等方法，为容易失控的情绪加几道"保险"。

(2) 乐观豁达最养心，宽容胜过百万兵

班组长是班组的领导者，是班组中讲和谐、促和谐的表率，更要有一种豁达乐观的心态。须知，乐观豁达是心理的最佳滋补品，也是影响、支配班组长在安全工作中思维和行动的一种最佳心态。心底无私天地宽。乐观会反败为胜，悲观会反胜为败。人生在世，不可能事事顺心，关键是要保持良好的心态。乐观豁达者无论顺逆得失，都能从容面对。达观以处事，宽心以养力。乐观豁达是洞察人间百态，看透世事无常的一种大彻大悟的坦荡胸怀。

(3) 学会转移

当火气上涌时，有意识地转移话题或做点别的事情来分散注意力，便可使情绪得到缓解。在余怒未消时，可以用看电影、听音乐、下棋、散步等有意义的轻松活动，使紧张情绪松弛下来。人在生活中难免会产生各种不良情绪，如果不采取适当的方法加以宣泄和调节，对身心健康都将产生消极影响。因此，如果有不愉快的事情及委屈，不要压在心里，而要向知心朋友和亲人说出来或大哭一场。这种发泄可以释放内心的郁积，对于人的身心发展是有利的。当然，发泄的对象、地点、场合和方法要适当，避免影响或伤害他人。

(4) 铭记"一切都会过去"，放下而不放弃

古时候，有一位国王，梦中得到上帝赐予的一句箴言。上帝叮嘱他：只要记住这句话，一生都将忘怀得失，纵有大起大落，也会安然度过所有大波大澜。但国王忘记了这句话，一个老臣请求把钻戒给他，他在钻戒上刻了几个字还给国王。国王一看，正是自己要找的那句话——一切都会过去。这个故事流传很广，寓意颇深。

15. 努力提高班组长的危机处置能力

班组担负着重要的安全生产任务，具体到岗位操作、作业过程，就是要应对和处置多种危机事件。而要提高完成安全生产任务的能力，最为关键的是要拓展班组长的指挥素质，提高其应对和处置多种危机的能力。

(1) 充分认识提高班组长危机处置能力的重要性和必要性

决定危机发展结局的中心环节就是指挥员的危机处置能力。在新的形势下，企业的班组长就是班组安全生产工作的指挥员，他们在生产作业操作过程中对危机处置能力的重要性和必要性凸显，可以从四个方面来看：a. 班组安

全生产工作中对危机处置趋向多样。b. 班组安全生产中对危机的处置趋于常态。c. 班组安全生产危机处置更加复杂。d. 班组安全生产中对危机处置是重要职责。

（2）准确把握班组长处置危机的能力素质要求

应对和处置班组安全生产中的危机，对班组长的能力素质要求是多方面的。从当前的情况看，有六条要着重把握好：

① 着眼政治，把握全局。

② 心中有数，快速反应。

③ 敢于负责，果断决策。

④ 拓展知识，科学指挥。

⑤ 广纳信息，掌握局面。

⑥ 站在一线，模范带头。

（3）提高班组长危机处置能力要着重强化四种意识

① 强烈的危机意识。危机意识是一种前瞻意识，也是一种忧患和责任意识。居安思危，才能保持头脑清醒；未雨绸缪，才能防患于未然。班组长在安全生产工作中要始终保持对危机的敏锐和警觉，善于观察，见微知著。对可能面临的各种危机，要想得多一些、重一些、难一些，提前做好相应的准备，确保一旦有事，能够快速反应，不辱使命，避免仓促上阵，"临时抱佛脚"。

② 勤于学习研究的意识。学习是提高能力的基本途径，"兵之有法，如医之有方，必须读习而后得"。要进一步提高危机处置能力的责任感和紧迫感，深入钻研安全工作创新理论，努力提升思维的层次；全面了解本班组、岗位的实际情况，研究判断可能出现的危机；准确掌握有关的法律法规，严格依法办事，提高处置危机的政策水平，抓紧学习安全科技知识和相关的专业技能，补齐安全科技短板，改善知识结构。

③ 加强实践，磨练意识。实践出真知、长才干。在处置危机所需的多样化能力中，指挥素质具有基础性、通用性和主导性。班组长要利用平时工作中处置一般性危机和组织指挥抢修、重大操作活动的时机，强化意识，自我磨砺，着重搞好"四练"，即练意识，处变不惊，遇险不慌；练作风，谨慎从事，坚毅果断；练指挥，随机应变，掌控局势；练协同，顾全大局，密切配合。

④ 搞好预案及其演练意识。"凡事预则立，不预则废"。作为班组危机处置指挥员的班组长，要根据可能面对的危机，结合班组的职责特点，制定科学

的危机处置预案。要坚持一种情况多种方案，一个方案多种措施，使预案具有较强的适应性和灵活性。

16. 班组长对下属安全情绪失控的恰当处理方法

班组安全生产工作任务的繁重，衡量标准的严格，日复一日单调枯燥的生产，生活不如意等，都会导致班组员工因过度紧张而在安全生产中情绪失控。即使是班组最好的员工，偶尔也会有反常的情况，也会发牢骚、发脾气。作为班组长，当下属对你发火时，你该如何应对？

(1) 勇于承认自己的错误，平息下属的怒火

在现实生活中，任何人都会尽力为自己的错误进行辩护。勇于承认错误，意味着向成功迈出了第一步。有些班组员工把班组长承认错误视为软弱，是承认失败与暴露不足。事实上，文过饰非是自欺欺人的一种表现，会失去改正的机会，而错误终究会表现出来，那时，人的信誉就会一落千丈。

(2) 换位思考他人的安全情绪反应

在班组安全工作中，班组长谨慎使用"我明白"这三个字，因为这三个字既可以表示对他人的支持与理解，同样也能够激起对方的抵触情绪。对方会反问："你明白？你明白什么？你怎么可能明白？"其实，"我明白"这句话本身就暗含着"我的安全知识比你丰富"的意思。这很可能使情况更糟。

少用"但是"这两个字。"你的说法很有道理，但是……"其隐含的意思是：你的说法没道理，这样就会更加激怒对方。把"但是"换成"也"可能更合适，如："你的说法很有道理，关于这个问题，我也有一个想法，请你听听好吗？"这表明是在建立一个合作的关系。这就为自己对这个安全问题的看法开辟了一条不会遇到抗拒的途径，有利于对方冷静思考并接受，从而达到说服他们的目的。

(3) 重复对方攻击性的语言

班组安全工作，某些班组员工在表现得无礼的时候自己常常不知道。如果某人以攻击性、威胁性的口气大喊大叫，那么就把他那些令人生气的话一字不漏地重复给他听。此后可能出现的情况是，当他听到自己所说的话后，他会发现这些话是多么不适当和伤感情，于是便会平静下来。当然，也可以直接谈一谈自己的感受。可以让对方情绪过激的状态恢复到理智状态，从而平静地解决相关的安全问题。

(4) 对事不对人

在班组安全工作中，班组长一定要把所遇到的安全问题或工作困难和发脾气的下属本身区分开来，只对事情不对人。不管喜欢不喜欢情绪失控的下属，都要认真听他发脾气时所传达的信息、所描述的事实、所讲述的道理，而不是一直在意一两句让人生气的话。在安全工作制定方案或采取措施的交流中，和下属发生激烈的冲突时，首先要了解对方的观点，然后找出其中有利的成分或要素，再顺着这个观点发展下去，最终说服对方，使班组安全生产有序、合理、顺势进行下去。

(5) 严格自制、保持冷静、确保尊严

在班组安全工作中，如果下属的情绪使人愤怒，那么发泄不满也许会觉得好受一些。但这于事无补，只能会损害自己的形象，让人觉得领导者是个喜怒无常的人，这也许与不可靠、不可信只有一步之遥了。切记：无论在班组中多么愤怒，都不要做出任何无法挽回的事情。我国著名的美学家朱光潜先生曾说："世界对爱动感情的人，是个悲剧；对爱思考的人，是个喜剧。"班组长在安全工作中，自制远比自尊更有价值。

(6) 局面失控时，不待在争论的第一线

在班组安全工作中，当局面已不在班组长掌控之中时，不要留下来做受害者。班组长要退出争论第一线，用不着与某些员工"针尖对麦芒"地相互指责，可采用的最好方法是以退求进。如："我需要打几个电话弄清事情的原委。所以，我想单独待一会儿，然后再回来和你一起详细讨论此事。"或者说："我知道你很生气，但是整个事件让大家都很尴尬。我们可否再找个时间讨论一下你到底需要什么？"当事件尘埃落定、水落石出时，千万不要批评对方，而是要继续说："我知道这个很重要。让我们一起来处理它，因为我们的合作一定能成功。"这样说有利于维护对方的尊严，让对方心存感激，并学会以后在类似情况下控制情绪。

总之，在班组安全工作中，班组长在下属安全情绪失控时，采取的对策是：勇于承认自己的错误，平息下属的怒火；换位思考他人的安全情绪反应；重复对方攻击性的语言；对事不对人；严格自制，保持冷静，确保尊严；局面失控时，不待在争论第一线。这样，下属安全情绪失控就会得到有效的处理。

17. 班组长把握员工安全心理疏导工作的目的与方法

在班组安全建设中，把心理学渗透到班组安全教育工作中，运用心理疏导的方法，及时发现并化解员工的心理矛盾和冲突，培养其健全的人格和健康的心理，是新形势下提高班组安全生产水平的客观要求，也是探索以人为本安全教育规律亟待解决的一个重要课题。要增强企业班组心理疏导工作的成效，应当注重和把握好以下三个方面的问题。

(1) 纠正认识误区，辩证看待安全心理疏导与安全教育的关系

强有力的安全思想教育历来是我国企业班组独有的优势。班组在长期的安全生产实践中形成了一整套科学的安全思想教育理论、原则、制度和方法，积累了丰富的经验。但是也有部分班组长对于员工的安全心理疏导认识不清，认为安全思想教育工作有其优良的传统，过去员工的安全心理问题通过安全思想教育也能解决，现在开展安全心理疏导是多此一举，搞与不搞无关紧要。因此，无论是探讨安全心理疏导的定位，还是研究安全心理疏导的实践，都必须首先纠正认识误区，正确看待安全心理疏导与安全思想教育的辩证关系。

(2) 着眼安全生产需要，积极培养班组员工过硬的安全心理素质

现代安全管理既是安全技术、安全装备的发展与进步，也是员工安全心理素质的稳定与发展。班组员工过硬的安全心理素质作为安全生产的重要组成部分，是班组搞好安全生产这一中心工作的重要前提和保证。班组开展安全心理疏导工作必须与日常的生产工作相结合，在教育班组成员具有良好的应变能力、高超的安全技能、精湛的安全专业技术的同时，还要培养他们的安全心理承受能力和安全心理调适能力，从而更好地适应安全生产的需要。

（3）抓住重点环节，切实发挥班组安全心理疏导的应有效能

班组员工中出现的焦虑、压抑、担忧、矛盾、虚荣、自卑、愤怒等各种心理问题，不仅受班组工作艰苦、管理严格、工作压力大等职业活动特点的影响，还会受到员工所面临的各种班组生活事件的影响，员工的心理形成过程有其自身的规律可循，开展安全心理疏导，不仅要讲究方式方法，还需要遵循心理工作的特点和员工的心理变化规律，抓住重点环节，切实发挥班组安全心理疏导的应有效能。

总之，做好班组员工安全心理疏导工作，一是要纠正认识误区，辩证看待安全心理疏导与安全教育的关系；二是着眼安全生产的需要，积极培养班组员工过硬的安全心理素质；三是抓住重点环节，切实发挥班组安全心理疏导的应有效能。只要做到了这三点，班组员工安全心理疏导就一定能见到实效。那么，班组的安全生产就奠定了坚实的基础。

（18.）班组长应急决策的策略

危机，指的是突然爆发的意外事件，如生产中的重大事故、自然灾害、群体性中毒事件。由于危机起因复杂，不确定性强，发生时征兆不明或无征兆，且爆发速度极快。因此，生产一线的指挥者——班组长，必须对危机迅速做出应急决策。

（1）应急先治标，求因再治本

"急则治标，缓则治本"，这是中医辨证论治的一条原则，这条原则同样适于班组长应急决策。按此原则，应急决策应首先治标，特别是在危机刚爆发时，应立即制止事态朝恶化的方向发展，并尽可能予以缓解。一旦危机发生，班组长应在第一时间亲临现场，指挥救援，稳定员工情绪，并以坦诚、务实的态度向公众传递战胜危机的信心。随后应紧急启动并运转危机决策管理程序，实施紧急应对方案，以有效的措施来凝聚人心，尽快战胜危机。但是，在采取必要的应急措施以后，要追本溯源，从根本上解决危机事件，并从中吸取深刻的经验教训，以防患于未然。

(2) 在不失时机的前提下，力求决策的科学性

任何决策都有一个时机问题，由于班组应急决策具有更苛刻的时间要求，这个问题就显得格外突出，任何决策都有科学性要求，由于班组应急决策的无序性和紧迫性，要达到这种要求的困难很大，因此，必须合乎科学性的要求。

(3) 应急决策更多地依靠决策者的知识、经验、智慧和魄力

班组应急决策是无序的、非程序化的，且受到时间短促的限制，所以它对班组长提出了特殊的要求，使决策具有更浓的班组长个人的风格色彩。在这种情况下，决策者的知识、经验和智慧将发挥重要作用。同时，应急决策由于其紧迫性和风险性，对决策者的决断魄力提出了更高的要求。有的班组长在知识、经验和智慧方面并无欠缺，但是在遇到突发性事件时却怕担风险，犹豫不决，以致丧失时机，铸成大错。所以，决策者的决断魄力在班组应急决策中具有重要的作用。

(4) 班组应急决策要以不变应万变

以变应变，这是班组应急决策的常规做法，而以不变应万变，则是应急决策的特例。当事态的发展趋向不明朗，贸然决策风险很大。当事态尚在急剧变化，估计有可能出现有利的转折时，采取观察待机的策略，暂时保持原有的状态不变，可能是最好的应变方法。当然，这样做是有条件的，决策者绝不能把观察待机理解为可以放松对事态发展的注意力，忽视对事态信息的收集和分析。相反，应该抓紧有限时间，组织必要的力量多方面收集事态的信息，认真地加以研究，务求及早洞察事态的发展趋向，使应急决策不致拖延过久而贻误时机。同时，还应该加紧做好应对多种事态变化的准备，以便当事态发展明朗化时，能立即采取相应的对策。

19. 班组长安全工作抓落实的"五善"原则

班组安全工作，贵在落实。抓落实是推动班组安全工作的重要手段，没有落实就不会有发展。在班组安全工作抓落实的过程中，必须做到善谋、善为、善行、善戒、善督相结合。

(1) 创新思路抓落实，做到"善谋"

创新是班组安全工作抓落实的内在要求，创新的力度决定着落实的深度。创新思路抓落实，就是要善于把上级的各项安全工作方针政策同本班组的实际和安全工作结合起来，分析和把握本班组的安全工作现状、发展潜力和存在问题，创造性地开展工作，在结合中出思路，在创新中出特色，使本班组安全工作决策与客观实际相结合。安全工作思路与发展水平相一致，发展速度与竞争态势相协调。

(2) 领导带头抓落实，做到"善为"

班组的安全生产工作，落实不落实，关键在领导。只有班组长重视了、带头了，抓落实才会有压力、有动力、有效果。班组长带头抓落实，关键要做到以下"两抓"：

① 率先垂范抓。安全生产是第一要务，凡是涉及中心工作、重大项目、突出问题，班组长必须亲自谋划、亲自参与、亲自督办。这就要求班组长不仅要学会出主意、用员工，而且还要带头抓、负总责，特别是对安全工作落实过程中的重要部署、主要矛盾、关键环节，要时刻放在心上、抓在手上，亲力亲为，务实求效。

② 深入实际抓。班组长带头抓落实，要有深入实际的工作作风，要从繁杂的事务中抽出身来，到岗位上去，到安全矛盾和问题集中的地方去，多与员工交谈，多倾听员工的意见和安全工作建议，广开言路、博采众长、集思广

益、择善而从，既不拒直言，又不纳偏言，从而掌握大量的第一手材料，为安全工作决策打下良好的基础。

（3）求真务实抓落实，做到"善行"

班组安全工作抓落实，贵在真、重在实、根本在"行"。"三分战略，七分执行"，执行力决定落实的成效，决定安全工作的成败。

① 要从班组具体事项上抓落实。现在各方都在喊落实，但抓落实的有效措施并不多。有的在喊"谋全局、抓大事"，却忽视了具体事项；有的注重于看某方面有形的成果，却不注意那些起根本作用的基础性安全工作，忽视了班组整体安全生产水平的提高。班组安全工作抓落实是一项系统工程，工作不落实往往就反映在许多具体问题、具体事情上。只有从大处着眼、从小处着手，把具体事情办好了，安全工作才能落到实处。如果对具体安全问题熟视无睹，不讲、不抓、不纠正，讲的道理再多、提的要求再高，也是空的，抓落实也就无从谈起。

② 要主动出击抓落实。要坚决克服说而不做、决而不行、抓而不紧的不良风气，做到"看不准不动手、看准了不松手、干不成不放手"。对定下的事、形成共识的事要马上办，绝不拖泥带水，必须充分调动班组全员的安全工作积极性，以主动的心态、昂扬的斗志尽职尽责，躬身干事，做到事有专管之人、人有专管之责、时有限定之期。

③ 要用抓落实的人去抓落实。实践证明，安全工作要落实，用人最关键。员工是安全工作落实的具体执行者，他们的安全思想、安全工作作风、安全工作状态、安全工作标准和要求，都直接关系到安全工作落实的效果和程度。员工的事业心和责任感强，安全工作就能落实到位；员工的事业心和责任感差，安全工作就难以落实。因此，要把握好用人的正确导向，大力提拔重用那些作风扎实、工作踏实、善抓落实的员工，让他们的威信树起来、地位高起来、名声响起来，努力形成"人人想干事、个个真干事、大家干正事"的安全工作机制。

（4）转变作风抓落实，做到"善戒"

班组长的安全工作能力，首要的是抓落实的能力。面对千头万绪的工作，必须把安全发展作为安全工作抓落实的主线。某些班组长在安全工作中习惯于一般性号召，以会议落实会议，以文件落实文件，做表面文章，这与安全生产工作的要求是不相符的，与求真务实抓落实的作风是格格不入的。

（5）完善机制抓落实，做到"善督"

机制就是安全工作抓落实的方法和途径。没有一套科学有效的运行机制，就难以保证班组各项安全工作真正落到实处。要从根本上解决不落实、不认真落实和落实不好的问题，必须加强机制创新，向机制要方法、要成效。

20. 班组长在安全工作中的"把握"

班组长的安全工作思维方式是否合理，安全工作方式是否科学，往往决定一个班组安全生产、安全发展的好坏。在班组安全生产实践中，安全生产存在着各种各样的思想，因此，学会"把握"是班组长安全工作的重要能力。

（1）事物是不断发展的，要正确把握安全工作中的问题

首先，要对现实机遇进行把握。其次，要对过去的经验进行把握。安全生产经验对做好班组安全工作十分重要。

（2）事物是质量互变的，要正确把握安全工作中的分寸

质和量的统一，被称为度，也就是我们常说的分寸。班组长把握好安全工作的度，应从三个方面着手：一是水到渠成，恰到好处；二是深思熟虑，留有余地；三是宁可不足，不可过头。

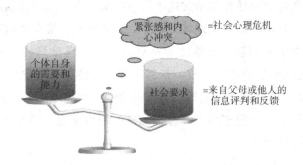

（3）事物是互为因果的，要正确把握安全工作中的关系

正如辩证唯物主义强调的那样，事物是普遍联系的。班组长在安全工作中要明确因果关系，把握事物之间的联系，必须正确处理三个方面的关系：一是福与祸的关系；二是成与败的关系；三是进与退的关系。俗话说，忍一时风平浪静，退一步海阔天空。安全工作推不动、局面打不开的时候，以守为攻，待机再进，不失为上策。当然，这种退不是被动的，而是主动的；不是无原则的，而是有功用的。

21. 班组长在安全建设中"压担子"的艺术

在企业班组，每一个成员的身上都蕴藏着巨大的安全生产潜力和能量，都希望能遇到"伯乐"而成为"千里马"。有些同志一旦被委以重任，就会像变了一个人似的马上精神抖擞起来。由此可见，在班组安全建设中，善于"压担子"对于人才的成长和进步，以及盘活班组，推动安全生产工作向前发展意义重大。作为担负着班组安全建设重任的班组长，要发挥好员工的作用，必须学会掌握"压担子"的艺术。

(1) 在权力的自由度上多"放"

在班组安全建设中班组长用人就要用到"实处"。既要给下属适当的职务，更要给其相应的权力，这样才能使其充分发挥才智。被用者最大的愿望就是能够得到领导者的赏识和器重，使所怀才能得到最大限度的施展。我国春秋时期巫马施和宓子贱先后出任鲁国单父这个地方的地方官。巫马施执政时，披星戴月，废寝忘食，昼夜不闲，亲理各种政务，政绩不错。宓子贱执政时，就没有那样繁忙，经常弹琴唱歌，把单父治理得也很好。当巫马施向他讨教时，他说："我的做法是善于把权力下放，依靠人才；你的做法是亲自劳作，只靠自己的智力。"这就是历史上著名的"鸣琴而治"。由此可见，在班组安全建设中，班组长应该学会"劳于用人，逸于治事"的辩证法，不要紧抓权力不放，走入事必躬亲的误区。

(2) 在责任的明晰度上划"细"

在一个班组，从班组长到每一位员工，都要岗责明确、具体，达到有其人必有其岗，有其岗必有其责，人人有任务，层层抓安全，使安全生产真正成为

"千斤重担大家挑，人人头上有指标"。这种梯形的责权细化与监管模式，可以让每一个人都从自身职责出发，发挥自身能量，把安全建设中的困难和问题化解在萌芽状态，实现合二为一或一分为二的辩证法效应。这样做，很多安全工作问题等到反馈到班组长那里时，往往都成了捷报，而且能更好地发挥班组每个成员的主观能动性，为班组长的安全管理提供便利。

（3）在工作的难易度上拔"高"

在班组安全建设中，高难度的安全工作往往更能激发员工的内在潜能。许多科学家的成功经验证明，一个人如果碰到高难度的事情并下定决心做成时，他的精神会更为亢奋，神志会更为清醒，精力会更加集中，凭借着意识的驱动和潜意识的力量往往能够跨越前进路上的重重障碍而达到最终目的。可见，高难度的工作不但有利于磨炼人的心智，而且有利于提升人的工作水平。因此，班组长在班组安全建设中决策时，任何一项安全工作都要做到高标准、严要求，从而激发班组全员齐心协力，高质量地完成安全生产任务。

（4）在开展工作的衔接上趋"频"

趋"频"不是打疲劳战，让员工永无休息之日。趋"频"是指在有张有弛、劳逸结合的前提下做好各项安全生产工作的衔接。有些班组一年四季围着车间部署干工作，车间有任务就做任务，车间没任务就休息，安全生产工作没有一点创新，员工没有一点成就感，这样的班组长在员工的心目中是没有威信可言的。因此说，保持班组安全生产工作的衔接度，鼓励创新，让班组全员总有安全工作可做，比让大家闲着没事干要好得多，有些工作即使忙得有些过头，班组员工也会精神抖擞。

22. 班组长管好班组难管之人三策

在企业的每一个班组，都会有个别特殊之人，是班组长比较难管之人，甚至影响班组的安全生产，如何管好这些人成了班组长头疼的问题。

在班组难管之人的身上，有以下共同特征：一是他们都有一定的安全工作能力和经验，并在班组有一定的资历；二是他们在小范围内具有一定的号召力和影响力，有一定的群众基础；三是个性使然，他们经常会和班组长公开顶嘴，甚至散布一些消极思想和言论，产生极为不好的影响；四是爱表现自己，自由散漫，眼高手低，不拘小节，讲义气，认人不认制度。

班组里安全工作不会永远是一种声音，班组长在适当的时候必须给员工念一念安全工作的"紧箍咒"，让他们始终处于管控之中，然后慢慢引导、交心，促其发展和进展，只有这样，才能让其服从管理。在具体的"对阵"过程中，班组长可以从以下三个方面入手。

(1) 在使用他们时，辨其志、用其能

在班组安全生产工作中，要管理好难管之人，首先在安全工作的某一领域或某些方面是行家里手，这样可以在心理上获得他们的认同。其次，以德才兼备、技有所长为基础，诚心诚意地对待他们。再次，尊重他们，多向他们求教。最后，合理配置，使他们人岗相适。要根据他们的性格、专业、爱好等不同特点，将他们合理配置起来，以便使他们之间相互补充、相得益彰，以更好地发挥班组安全工作整体最佳效应。

(2) 在批评他们时，顾于情、达于理

班组难管之人大都对批评比较在意，他们很爱面子，一些人还有较强的虚荣心，这就要求班组长在必须批评他们的时候要掌握一定的艺术。概言之，一要点到为止。班组难管之人一般都比较敏感，在很多情况下，批评他们只需旁敲侧击即可，而不能直截了当，否则往往适得其反。二要选择场合。批评最好在私下、单独的场合进行，切不可在大庭广众之下揭其短处、指其不足，这样只能引发逆反情绪。三要语气缓和。最好用协商的口吻，摆事实、讲道理，拿出充分的依据来证明他们所作所为是不妥的，而不能暴跳如雷、生硬指责，这只会降低班组长在他们心目中的地位。

(3) 在评价他们的工作时，得之理、处之公

班组难管之人的劳动成果有很多是不好明确量化的，这与他们所从事的工作性质有关。因此，在评价他们的工作时，要尽量注重公论，着眼实情，避免主观臆断，以使评价结果及过程科学公正，让他们心服口服。此外，在评价方法上也要有所讲究，一般来讲，采取民主与个人鉴定相结合，定性与定量相结合，研究成果与实际效果相结合的方法，多方位、多侧面、多层次地进行考评，这样有利于衡量班组难管之人的安全工作成效。对在班组安全生产中做出重大贡献的难管之人一定要予以重奖，使他们受重视的心理得到极大满足，从而主动配合班组的安全生产工作。

23 以古鉴今：班组长安全工作决策的要点

决策是班组长安全工作的重要职责。一名优秀、成功的班组长必须是善于决策的领导者，而一些班组长在安全工作中之所以失败，除了用人不当、个人品质不佳外，主要也是安全工作决策失败造成的。自古以来，有不少杰出的思想家、政治家、军事家因善于决策创下了显赫的文治武功，同时也给我们留下了宝贵的思想和经验，对于我们今天如何当好班组长、在班组安全工作中科学地决策提供了借鉴。

(1) 注重"预"

"凡事预则立、不预则废"。"预"就是安全工作决策前的充分调查、评估、准备。"立"者成也，"废"者败也，就是说，班组长安全工作决策若是建立在事先充分调研和准备的基础上，就能保证最大的成功；如果没有充分调研就很容易失败。对于现在企业的班组长来说，没有调研就不应有安全工作决策权，不应乱决策，否则就会出错。而在实际的班组安全工作中，有些班组长自认为英明、了解情况多，在安全工作决策中完全凭个人感觉，拍脑袋，拍胸脯，武断决策。如许多重大的检修项目、重要的操作过程之所以没有取得令人满意的效果，大多数是与班组长在决策时不重视"预"的结果有关系。

(2) 注重"仪""表"

"仪""表"就是原则，就是标准，也就是说，安全工作决策有一定的原则和标准，违反了原则和标准，决策就难以产生好的效果。我国古代思想家墨子在《非命》中指出，一个人讲话要有"仪"，不能违反"三表"，即"上本之于古者圣王之事""下原察百姓耳目之实""发以为刑政，观其中国家百姓人民之利"，"此所谓言有三表也"。还说，判断一个人言论有无道理要有"三法"，即"考先圣大王之事""察众之耳目之情""发而为政乎国，察万民而观之"。在墨子看来，一个人说话办事都要有原则、有标准，古代圣王是社会公认的楷模，他们的所作所为是后人的榜样，向他们看齐是第一原则，符合百姓的要求是第二原则，最终也是最主要的原则就是能给国家和人民带来好处。墨子的关于言论的标准是非常有见地的，同样可以用于指导今天班组长在安全生产工作中的决策，班组长在安全生产工作中的决策不能违反国家的大政方针，必须符合员工的情、员工的意，必须把为国家、为企业、为员工办实事好事作为安全工作决策的出发点和归宿。

（3）注重"时""势"

我国古代思想家强调决策要审时度势。所谓"时"就是时机。所谓"势"，就是当地的客观现实，包括天、地、人等状况。在一个天时、地利、人和都不具备的地方，要想实现过高的目标是不现实的。一些班组长在安全生产工作中崇尚"没有办不到，只有想不到""想的有多远，走的就有多远"，雄心虽可嘉，但不考虑当时的具体情况，完全凭感想来进行安全工作决策，十有八九是会误事的。

（4）注重"中"

"中"就是适中、适度，班组长在安全生产工作中决策太慢了不行，太快了也不行；太少了不行，太多了也不行；一成不变不行，变化太大了也不行。因此，担任企业班组长的人，在安全生产工作中，不能出太多主意，如果考虑没有成熟，不断有新主意出来，往往会造成班组混乱。也许是一些班组长为了显示自己点子多，天天忙开会、忙决策，不断给员工下达这指标、那决定，让手下没有时间贯彻落实，常常使安全工作决策成为废纸。班组长必须明白，安全工作决策可以一天做出若干个，但落实却需要时间和过程，安全生产工作决策频率过快，绝不是好事。

（5）要注重"行"

所谓"行"就是执行、落实。班组长的权威不仅取决于安全工作中决策的正确与否，更取决于决策的执行力度。自古以来，杰出的政治家都把决策的落实程度作为衡量一个人领导能力高低的重要标准。决策一旦出台，就必须执行，否则就会产生政令不通的恶果。在企业的安全生产工作中，的确存在少数班组长出于个人感情的原因，对员工不执行安全工作决策听之任之；有些班组长认为决策是领导的事，执行是员工的事，怕过分抓落实得罪人；有些班组长把员工听话分为听私话和公话、听自己的话和听班组其他领导的话，认为员工只要听自己的话就行，至于对班组其他领导的决策执行与否，则抱着无所谓的态度，这是导致一些班组安全生产政令不畅的重要原因。如果一个班组的安全工作决策得不到执行，那么安全生产就无从谈起。企业的班组长必须重视安全工作决策的执行，不要因为某种私欲妨碍了安全工作决策的执行。

24. 班组长要善于引导安全功臣再立新功

一个班组安全事业的发展与兴盛，往往取决于某些关键人物在班组安全发展的关键时期发挥的作用，这些关键人物可谓劳苦功高，常常被员工们形象地比喻为"功臣"。但功臣难驭，古今共之。驾驭好班组安全功臣，关键要恩威并用、宽严相济。

（1）以情感人

感情是化解矛盾的"熔化剂"，是密切关系的"黏合剂"，是人与人之间相互沟通的桥梁和纽带，是合作共事的基础。大凡成功的班组长都善用"情"。在一个班组的安全工作中，功臣往往具备出众的才能和突出的业绩，是推进班组安全发展的中坚力量，充分保护和调动好他们的安全生产积极性不容忽视。因此，班组长应着重加强与安全功臣的思想沟通和感情交流，当他们遇到困难和矛盾时，要做"及时雨"，为其排忧解难；当他们遇到阻力和挫折时，要做"吹鼓手"，为其壮胆助威；当他们受到委屈或遭人误解时，要做"靠背山"，为其正名撑腰；当他们的安全工作因客观原因出现失误时，要当"挡箭牌"，为其分担责任。"以诚感人者，人亦诚应之"，如此，那些在班组安全发展中的有功之臣一定能产生一种"士为知己者死"的感激之情，更加努力搞好安全生产来回报班组长的真情。

（2）宽以为怀

俗话说，"人才好用不好使"，班组的某些安全功臣也易矫情，他们凭借自己对班组安全生产做出的突出贡献及不可或缺的地位，容易产生一些不良的思想和行为倾向，这些思想和行为甚至影响整个班组安全工作的和谐开展。对此，班组长要出以公心，宽以为怀。如何宽之？宽容并非无原则让步和放任，对原则性、方向性的安全生产问题，班组长一定要态度鲜明，敢言善言，及时对其错误的思想和行为进行帮助和纠正。这些安全功臣只要态度端正，对自己存在的问题能有则改之，班组长就要做到过后不思量，不"画圈分类"，不"一棍子打死"。同时，对一些细枝末节、鸡毛蒜皮的小过错，要轻描淡写，善于容忍。

(3) 激励为上

"水不激不跃，人不激不奋"。为防止班组安全功臣"睡大觉"，鼓励引导其在班组安全发展中再建新功，班组长要善于鞭打快牛，巧用"激将法"。如何激之？一方面，要为在安全生产中建功立业者大力营造良好的舆论氛围。就一个班组而言，班组长需要注意因势利导、乘势造势，对为班组安全发展做出杰出贡献的人要加大宣传力度，从精神到物质上予以重点表彰和奖励，从而在班组形成一种尊重功臣、爱护功臣、争当功臣的积极氛围。另一方面，要为在安全发展中的建功立业者提供一个有为有位的发展平台。班组长要针对安全功臣的特点，因人而异，分别激之，对那些长于做事、乐于做事、不图名利的安全功臣，要敢于托付大事，做到因人择事、因事用人、人事相宜，最大限度地发挥他们的优势。同时，对德才突出、具备一定领导能力的安全功臣，要舍得给位子，适时将其提拔到班组领导岗位上来，并合理授权，给安全功臣一个施展才能的舞台。

(4) 赋责为法

"欲知平直，则必准绳，欲知方圆，则必规矩"。建立有效的岗位安全目标责任机制，是班组长成功实施安全管理的必要手段，对班组安全功臣的管理具有同样的作用。班组安全功臣一般是业务骨干，对班组安全发展起支撑作用，调动这些人的安全生产积极性至关重要。如果班组长在对其施加职权影响力的过程中，管理无方，不能使其充分发挥安全生产积极性，便会引起误解和埋怨，进而影响班组安全工作的高效开展。因此，班组长要通过建立岗位安全目标责任制，因岗定责来规范安全功臣的行为。

总之，班组的安全功臣是班组安全发展的宝贵财富，如何驾驭好这些安全功臣，对班组的安全发展至关重要。以情感人、宽以为怀、激励为上、赋责为法不失为有效的管理手段。

25. 班组长安全工作分工的"各负其责"与"无缝对接"

班组的许多安全工作，不缺思路，只缺落实。出现这种情况不能简单地归咎为班组领导作风漂浮，从管理学的角度看是因为分工不明确。

(1) 分工不明确的表现

分工不明确，体现在四个方面：一是主协不清。一件安全工作有主管的又有协管的，在具体问题上纠缠不清。主管的抓总又不管一些具体事，协管的办具体事又做不了主。主管的和协管的都有责任又都没有责任，双方都处于尴尬境地，关系容易混淆，十分微妙。处置不当，还极有可能产生纠纷和隔离。二是权责脱节。有些事只有责任，没有权力，而拥有权力的又不担责任。副班组长看似分管某一方面的安全工作，而实际上却是有名无实，没有知情权、参与权、建议权，更没有决策权。没有权力的人当然"说事不落""喝酒没人敬，说话无人听"，实际上就是被架空。这样，纵然是三头六臂，有天大本事的人，安全工作也无法落实。三是上下交叉。盘根错节的关系使得权力的运用很复杂。在安全生产工作的分工上，明确了一个方面而忽视了另一个方面，清楚了上头而模糊了下头，在班组安全生产中只要有不清楚、未覆盖的地方，就会有空白点，就会产生争议，就容易被忽视。四是时空错位。班组领导在安全工作上的分工未能随着情况的变化而及时跟进，加以补充、修改、完善，反而是习惯性操作，简单化从事，这种班组领导安全工作分工上的时空错位，很容易留下事故隐患或工作漏洞。

(2) 尽量明确分工

要想使班组领导安全工作分工达到天衣无缝的地步只能是理想主义，而尽量做到明确一些则是完全可以办到的。目前在企业班组这方面的问题之所以存在，主要是体制上存在问题。其一，班组一把手说了算，副职只能"听其命"。这样的安全工作分工带有浓重的个人主义色彩和极大的随意性。因为，班组一把手地位特殊、工作繁忙，对权力的"分割"不可能思考过细，而是笼而统之，概而论之，随手一画而定乾坤，既缺乏论证，又不会去听取各方面反映，有时甚至不会征求副班组长本人的意见。其二，忽视班组安全管理制度上的设计。迄今为止，班组领导在安全工作中如何分工，缺乏制度上的规范，带有非常浓厚的人治色彩。其三，集体沉默现象的默许。因为企业强调班组一把手的权威和组织纪律，那么个人意见就退而次之，以服从为上。在安全工作分工时，副班组长的意见基本上不被采纳，比如，我要干什么、怎么干，自己都不能发表意见而干什么只能接受指定。安全工作分工一旦确定，一般不存在讨价还价的余地。也就是说，纵然副班组长有不同看法也无处表达，即使是有机会表达，也不可能改变现实。

(3) 点与点铆合

这里主要是针对具体个人的安全行为而言，相互间不留空隙，谁主管、谁负责，对号入座，一目了然。在班组实际安全工作中，一是要正确处理主与辅的关系。二是要正确处理重点与支点的关系。三是要正确处理长线与短线的关系。只有班组安全工作短线目标的顺利推进，才能实现长线的安全生产蓝图。

(4) 线与线相连

班组安全工作不落实的一个重要表现是脱节、断线，就像接力赛一样，下一棒如果接不上，必然功亏一篑。作为班组领导，其安全工作分工和作用不仅仅局限于一个点，要落实就必须不断线。首先，时间上要延伸。无论哪个时间段，分分秒秒、全程介入、全盘负责，切忌中途换帅或者改弦易辙，抓一段放一段。如果多个人插手，就可能会紧一段松一段，缺乏连贯性，在时间上产生多个分散点，莫衷一是，各行其是。其次，性质上要延伸，一件安全事项一个时段内要有一个人负责。阶段性与长期性安全工作相结合，上与下要一致，不能顾此失彼、重此轻彼。阶段性安全工作要看亮点，长期性安全工作要看基础。显性的安全工作成绩要肯定，隐性的安全工作成绩更要褒扬，尤其要防止急功近利的短期行为，注重夯实班组安全生产基础性工作，在评价上要建立公正的体系。事关全厂的安全工作，一个点负责，一条线也要负责，不能以点带面、以偏概全，而要上下一致，全厂相通，对全部的安全工作负责。再次，内涵上要延伸。要注重安全工作的实质，防止被浅表化现象迷惑。安全工作落实不看花拳绣腿，不看表面文章，不听汇报如何，更重要的是看对事关全厂安全的事进行统筹，尤其对实施过程中暴露出来的可能是未曾预料到的特殊矛盾、深层次问题，应当对负责人施以预案，从容应对，掌握主动。现在的问题是，对常规的安全问题在落实上考虑得相对周全，而对潜在的可能暴露的安全问题估计不足、应对无方。一旦有事，手忙脚乱，鞭长莫及。

(5) 片与片呼应

任何工作都不是孤立的，班组安全工作也是如此，对应的关系除了上下纵向外，还有左右的横向，如果疏漏，就可能影响全局。安全工作如何实现全面覆盖？一是要明确相近的。从外延上看，外在的因素可能会影响此事的落实，也应当由安全分工负责的人员去协调，争取积极的因素，推动安全工作的落实，不能就事论事，推脱责任。二是要界定相关的。从内涵上看，事情有前因后果，各要素之间密切相关，彼此作用。因此，要辨别主次轻重，对属于应落实、可落实的安全工作要一一落实到位；对属于不可抗御因素无法落实的，不能强求。三是要区分相连的。从作用上看对共振共鸣、彼此一致的安全工作，要统筹考虑、整体推进，不要为达到某种目的而人为地将其割裂开来，放大局部，影响全局，更不能只抓一点，不顾其余。

总之，班组安全工作的合理分工是一个系统工程，充满变数，在现实的情况下不可能像"1＋1＝2"那样简单，这里的点与点讲的是人与人之间的配合，线与线是指一个系统各条战线的衔接，片与片是大环境里的协调。实现安全工作点、线、面的全方位覆盖，安全责任之间就少了缝隙，一旦安全责任到人，从理论上讲，安全工作的落实就有了基础。

26. 班组长要善于预防失意者拆台

所谓失意者，一般指在一个团体内自己的意见不被重视和采纳，要求得不到满足，职务上没有得到重用的人。常规思维认为，失意者是受害者、是弱者，因而人们除了对失意者同情之外，很少会去关注。事实上，失意者还有可能是潜在的不合作者、拆台者，甚至是破坏者。因此，班组长如果漠视失意者，对其不能给予很好的安抚，不能公平公正地对待他们合情合理的要求，不能对其加以妥善的任用和制约，那么，他们郁结的情绪一旦爆发，拆台行为一旦发生，将极有可能颠覆班组长苦心经营的良好安全工作局面，甚至导致班组长从云端跌入陷坑。

在班组安全生产中，失意者通常还有其他一些表现，如：心理消极，责任心降低，对工作敷衍了事；破罐子破摔，不思进取，我行我素，对班组的规章制度和奖惩措施漠然置之；发牢骚、说怪话，捏造和传播一些不负责任的话，使班组长难堪，毁坏班组长和班组的形象，泄同事积极工作的士气；利用工作机会为班组长安全工作决策的落实制造障碍，阻挠班组长安全生产意图的实现等。

(1) 正当地获取权力，公正地使用权力

诱发失意者拆台的强力因素有两点，一点是班组长在获取领导权力的过程中，有不当的行为，其素质和能力等条件与其所获得的班组长职位不相匹配，竞争失利者内心不服、强烈不满，因而通过拆台来宣泄内心的极度愤怒，表达不合作的心理；另一点是班组长用权不公或使用权力不当，导致失意者认为班组长不值得信任、不值得尊重，因而就通过拆台来表达对班组长的不满和不屑。因此，要减少和避免失意者的拆台行为，首先，在竞争班组长职务的过程中，一定要坚持公平竞争，不能为达目的不择手段，否则，即使侥幸得到了班组长职位，也会当不安心。其次，一定要敬畏权力，不要认为获得了领导职位，就自然地拥有了领导权威，如果以权谋私，或者滥用权力、用权失误，不合作的人甚至反对的人就会增多。

(2) 得意不可忘形，位高尤须谦卑

古之善为政者言"为富贵者不可骄人，富贵者骄人必失其富贵"。班组长有职位、有实权、有荣誉、有面子，往往占尽风光，因此其中有些人往往会情不自禁地产生"飘飘然"的感觉，有的甚至得意忘形、趾高气扬。这种做派很容易强化失意者的反感情绪，导致他们的拆台行为。他们会找机会甚至设一些小圈套，给班组长颜色看，让班组长下不来台，甚至使绊子，让班组长想干事却干不成。因此，当有幸成为班组长，切记不要有意显摆，不要滥施权威，而要克己让人、礼贤下士、虚怀若谷。否定别人的意见，一定要有根有据，以理服人，不能挟威自重；拒绝别人的要求，哪怕是不合理的要求，也要尽量做到婉转温和，解释清楚，做到仁至义尽，不可颐指气使。尤其对待竞争班组长职务的失意者，更要谦和尊重，诚恳地向他们请教一些自己不擅长的东西，重视发挥他们的积极作用。

(3) 对得益者要奖赏，对失意者要补偿

在企业班组，公平竞争是保持效率与活力的重要机制，优胜劣汰、奖优罚劣是班组长实施有效领导的常用方法。但是，这一领导方法在保障效率的同时，既能造就一批赢者通吃的得意者，也能产生一批一输则万劫不复的失意者，导致不和谐的状态产生。按照以人为本、构建和谐的理念，班组长既要重视效率，激发员工在安全生产中的创造活力，又要注意公平，重视人文关怀，对那些优秀者根据企业制度规定给予充分的奖赏和激励，但同时对于那些失意者给予人格尊严和利益保障，防止班组内部出现得意者和失意者的利益和心理对立，有效避免失意者的拆台行为。

（4）设身处地地体会失意者的心理痛苦，真心诚意地加以抚慰

班组长一般自身条件都比较好，成功之路比较顺畅，与其他人尤其是失意者相比，得意的心理体验比较多，而对于失意的心理体验则相对较少或较弱，因而一般情况下容易漠视失意者的心理痛苦，或者体会不是那么深刻和细致。但是，正如常言所说："世人但闻新人笑，几人听得旧人哭。"职场失意，或因真知灼见不被采纳，或因良苦用心被枉费，或因充满期待的利益要求被轻易否定等，这些都会给失意者造成精神及尊严上的打击、利益上的损失、心理上的挫折等，其痛苦是别人难以体会的。如果班组长对其缺少真诚细致的关心和抚慰，失意者在产生心理自虐的同时，也极有可能产生针对班组长的拆台行为。因此，班组长对于失意者切忌显露心理优越感，而要有恻隐之心，付出真情，伸出援手，帮助失意者从失意的阴影里走出来，这样做也有利于消除因失意者的存在而潜藏的不安全因素。

（5）建立公平竞争的得意者与失意者地位互换的流动机制，营造相互善待的宽松和谐氛围

班组失意者的产生既有必然性也有其积极作用，关键在于这种产生机制要体现公平、合理、竞争、优胜的原则，尽量避免劣币驱逐良币现象的发生。同时，要防止失意者的地位固化，得意者恒得意，失意者恒失意。要在班组建立一种失意者通过发奋努力，积极进取而改变失意者的身份和心态的机制，保持得意者与失意者通过正当竞争进行相互转换和流动的健康有效状态，并努力营造得意者和失意者相互尊重、相互接纳、同心协力干事创业的和谐局面。

（6）多给失意者工作和发展机会，防止失意者心理边缘化和行为逆反化

人们对于雪中送炭的感受要远远比锦上添花强烈。班组长对失意者除了要进行真诚的尊重、关心和心理安抚之外，还要有实际行动和切实有效的扶助办法。对在安全工作中建言献策的，要倾心听取，从善如流，不能因人废言；对竞争班组长而失利的，要给予鼓励和指导，为其提供和创造展现其才能的机会，为其抓住下一次晋升的机会搭建坚固的阶梯，而不能以异己视之，有意打压或刻意冷落；对要求和期望没有实现者，在坚持统筹兼顾、多方平衡、前后照应的基础上，要进行某种形式和程度的替代性补偿，使其失之东隅、收之桑榆，从而使其对现实尽可能保持心理平衡，对未来保持信心和希望，最大限度地消除可能产生的边缘化心态和逆反心理，有效减少可能发生的拆台行为，保持班组安全生产工作的和谐稳定。

27. 班组长如何统御班组安全工作

企业的班组长担当促发展、保稳定、创和谐、保安全的艰巨使命，必须坚持正确的导向，运用科学的方法，抓住育人和用人两个关键，把握班组安全工作重点，牢牢掌控安全生产的主动权，推动班组安全工作健康和谐发展。

(1) 坚持以科学发展观为指导，牢牢把握安全发展的正确方向

①要有科学的理念。②要有服务的意识。③要有务实的作风。④要有创新的精神。

(2) 采取科学的方法，有效掌握安全工作的主动权

① 把安全工作的着眼点放在领会上。一要端正态度。二要注意方法。三要勤思善悟。

② 把安全工作的着力点放在结合上。

③ 把安全工作的着重点放在落实上。一是求真务实抓落实。二是把握关键抓落实。三是联系实际抓落实。

(3) 抓住育人和用人两个关键，不断增强安全发展的活力

① 遵循育人的客观规律，全面提高班组全员的综合安全素质。

② 完善绩效考核办法，建立科学的用人评价机制。

(4) 把握安全工作重点，推动班组安全发展

①带好队伍是前提。②安全稳定是基础。③安全思想工作是关键。④科学

民主决策是保证。

班组长做安全决策应建立在充分调研和酝酿的基础上，正确运用"9010"方法，进行科学安全决策。所谓"9010"方法，即班组长要用90％的时间和精力深入岗位、深入员工、深入作业现场，通过实地查看、民主测评等方式，广泛开展调研，在吃透弄清事情真实情况的基础上，用10％的时间做安全决策。否则，"先拍脑袋，后拍屁股"式的安全决策，不仅缺乏调查研究，而且易使良好的主观愿望与客观实际脱离，导致想办好事却造成了严重的后果。因此，班组长在安全工作中绝不能草率地随意表态，这样既不利于安全问题的解决，又会造成矛盾的复杂化，不利于班组的安全发展。

28. 班组长要善于把复杂安全问题简单化

作为企业的班组长，在安全工作中必然会面对许多复杂的安全问题，尤其是在企业转型时期，复杂的安全问题变得更加突出和尖锐，往往以突发的形式表现出来。复杂其实是相对简单而言的。复杂安全问题的特点通常情况有下列几种：

(1) 跨时空

事情发生在现在，但起因和影响有可能前延后伸，可以追溯到很久以前，是历史安全问题的积淀，并未因时间推移而化解和消融，其之所以一直未爆发，是因为种种原因暂时被搁置了，一旦机会适宜，就会凸显出来。这类复杂安全问题由于基本事实还在，虽已时过境迁，但解决的难度空前，弄不好还会影响到以后，现在的解决方式有可能成为解决该类安全问题的"标杆"和参照。因而处理此类安全问题要慎重，不能留下后遗症。

(2) 跨地域

事情发生在此班组，但牵涉的人和事有可能是其他班组。甲班组处理得当与否可能会影响到乙班组；或者此安全问题在本班组难以解决，必须实行班组间的协作。比如，可能会出现因某一班组出台某项不当政策而产生连锁反应，进而造成更大范围的不稳定现象。

(3) 矛盾的交织和叠加

班组复杂安全问题的表现绝对不是单一的、静止的。较大的安全问题，一般是由班组直接利益群体引发，由非直接利益群体参与，具有很强的联动性，安全问题像滚雪球般越滚越大，还有许多员工利用这种机会发泄对某班组长的不满，一个群体连带多个群体，一个矛盾牵涉多个矛盾。这类安全问题表面看似乎集中在奖金分配、工作安排以及利益诉求的博弈等方面，但有些时候，一个微不足道的动作也会"牵一发而动全身"，小小漩涡也能掀起滔天大浪。

(4) 突发性

在班组安全工作中，表面上的波澜不兴，并不代表着平安无事。一些安全问题往往不知道在什么时候、什么地点以什么形式发生，会产生什么后果，造成什么影响，常常令班组长猝不及防，手忙脚乱，疲于应付。

(5) 动态性

对班组安全工作中出现问题的处置，班组长必须全面权衡、统筹安排，就事论事往往办不了事。事物的发展变化有时完全不在预料之中，瞬息万变、复杂多变，原来的处置方案或许完全不管用，必须根据变化了的情况适时决策、灵活应对。将复杂安全问题简单化并不是不负责任的糊弄、心中无数的推脱、听之任之的借口，而是建立在高度重视、充满自信、心中有数基础上的一种镇定和超脱，它体现出班组长预知态势的睿智、高屋建瓴的气势、洞察世事的文明。

① 不能"眉毛胡子一把抓"。要在解决复杂安全问题时善于抽丝剥茧，从纷繁复杂的现象中抓住事物的本质，寻找突破口。复杂的安全问题一般会有现场气氛紧张，员工情绪激动，事态一触即发，局面很难控制的表现。这种情况一般是由多重矛盾合流、各种利益纠缠而成的，其中必有最直接的利益冲突，这是矛盾的主要方面。其他的有可能是借题发挥，为求一时显名。对这些复杂安全问题，如果不加选择地"打包"处理，就会分散精力，什么问题都想解决，结果什么问题都解决不了。因此，对于班组的复杂安全问题不管其以什么形式出现，都必须保持非常清醒的头脑，理性地面对。要透过现象看本质，善于甄别、及时梳理、突出重点、集中精力处理一个主要矛盾，然后再各个击破。有时主要矛盾解决之后，次要矛盾也会迎刃而解，或者由复杂变得简单，由朦胧变得清晰。

②"心急吃不了热豆腐"。班组长要善于在躁动的情绪中保持冷静、控制事态。班组有些安全问题之所以复杂，主要原因在于时间上要求紧迫、要求尽快处理。而事态既然发展到这种程度，问题一般是由来已久，难度非同一般。有时候，有些复杂安全问题可以靠时间来解决。急不得，一急就容易出乱子，必要的时候要讲究策略，善施"缓兵之计"。

③"止沸"必须"抽薪"。要从最迫切、最需要解决的安全问题入手，推动班组安全工作全局。面对突发性的复杂安全问题，在全面了解情况之后，要当断即断、分类处理、分别解决。属于安全生产政策范围内应当解决的不拖，能答复的当即表态，一时答复不了的也应做出承诺；属于安全工作失误的不推，错了就改，说明原因，争取理解；属于过分要求的不理，不能为了"息事"而多事，因"宁人"而"怪人"，乱开口子，乱表态。班组突发的安全问题，说复杂也复杂，说不复杂也不复杂，短期内解决班组所有安全问题显然不现实，但什么问题都不解决、不答复也不可能。作为班组长，应带着诚意、带着感情、带着责任去面对安全问题、直面班组员工，这样才能赢得信任、争取主动。

④"只要思想不滑坡，办法总比困难多"。鬼吓人，不可怕，因为这个世界上根本没有鬼；人吓人，很可怕，因为防不胜防；而自己吓自己更可怕，这样容易摧垮一个人的意志。世上的事情无论如何复杂，总有解决的办法，而有时候面对安全问题，是我们自己把自己吓住了，望而却步，谈虎色变，自己首先把思路搞复杂，接着使简单的事情复杂化，使复杂的事情更复杂。只有勇于面对，才会发现事情并不像我们想象的那么复杂。万变不离其宗，只有善于把复杂安全问题简单化，解决起来才更有信心和力量，安全问题才更容易解决。

29.　班组长安全工作中的"示弱"艺术

"弱"与"强"相对，意思是比别人差，包含弱点、弱项、不足、软弱的意思。在班组安全工作中班组长的"示弱"是一种领导艺术，班组长每天面对各种复杂的生产、生活情况，对班组内不同的人、不同的事需要采用不同的处理方法，在某些情况下，恰到好处的"示弱"能够化解安全工作难题，融化坚冰，能够把一些通常不太好处理的安全工作处理得更加到位，也能够得到车间、企业、同事和员工的理解和谅解。

（1）从领导方法和领导艺术的角度来看，"示弱"展现出来的并不一定就是弱

①"示弱"是一种谦逊。俗话说，山外有山、人外有人。一代诗仙李白在黄鹤楼上面对崔颢的题诗自叹弗如："眼前有景道不得，崔颢题诗在上头！"这种感叹是一种真诚的"示弱"，表现出李白谦逊的品格和随机应变的才情，可以说是抬高了他人，又为自己赢得了美誉。在班组安全工作中，并不是每一项重大操作和每一个重要的作业班组长都比其他人技高一筹，班组里有许多行家里手，对于这样的重大操作和作业，班组长要主动"示弱"，给其他员工留有展示才华和技能的机会，既把这些工作安全地做好，又能给这些员工有一种心灵的慰藉，何乐而不为呢？

②"示弱"是一种谋略。不论一个人、一个班组还是一个企业在不同的时期为了应对不同的安全生产情况，需要采取不同的策略。班组安全工作中，班组长为了发挥员工的安全生产积极性，要把一些具体安全工作主动让给员工干，让他们在安全生产实践中，增长知识，增加才干，进而充分发挥自己的聪明才智。

③"示弱"是一种胸襟。班组长在安全工作中搭班子、带队伍，需要上上下下的齐心协力，需要方方面面的人才，如果没有开阔的胸襟，很难把安全发展需要的各种人才紧密团结在自己周围。在我国历史上，善于识人用人的汉代开国皇帝刘邦，非常清楚部下之长，明确表明自己之短。刘邦虽是一个无所专长的人，但他具有豁达的胸襟，使当时天下的优秀人才为他所用，开创了一代帝业。在班组安全工作中，班组长的"示弱"还可以更好地改善人际关系，可以有效地降低工作中的"摩擦系数"，使安全生产运作自如，达到理想的境地。

（2）"示弱"有艺术

"示弱"是一种特殊的领导艺术，班组长在"示弱"的时候，一定要根据安全生产的实际情况，灵活运用。

①虔诚"示弱"。当自己在处理某些具体安全生产事项上确实不如别人时，以诚实的态度"示弱"，往往容易得到对方的理解和谅解，也能得到对方的积极回应和帮助。对自己不如别人的地方，实事求是地"示弱"，比硬撑要强上一百倍。虔诚"示弱"并不会使班组长丢面子，"示弱"的人能够看到自己身上的不足，能够虚心接受别人的建议与批评，这样才能更好地学人之长，

完善自我。

② 认错"示弱"。班组长在安全工作中出现了差错，有了失误，坦诚地承认错误，承认过失，勇敢地承担自己应当承担的安全责任，也是一种有效的"示弱"。人非圣贤、孰能无过。有错不要紧，就怕不承认。认识到错误就及时承认，既是对班组、对员工的负责，也是取得他人谅解、赢得员工信任的途径。在班组现实安全工作中，有一些班组长即使错了也不愿意轻易低下头来承认，主要是担心因此降低自己的高大形象。承认错误是为了弥补和改正错误，承认错误是为了改进工作。敢于承认错误，才能换回在员工中的良好形象；敢于纠正错误，能更好地彰显班组长的人格魅力。

③ 藏锋露拙。追求卓越和超凡出众，是一种积极的人生态度。但班组长在安全工作中锋芒不可太露，如果无视周围环境，一味孤芳自赏或者自我炫耀，有时候会显得格格不入，招人厌恶。藏锋露拙并非要埋没自己的才能，而是为了保护自己，班组长在安全生产工作中，要藏锋露拙、低调行事、扎扎实实、埋头苦干，班组安全发展就会顺畅得多。

④ 以退为进。退是为了更好地组织进攻，这是战场上经常使用的一种谋略，我们不妨想想拳击的镜头，拳头缩回来再打出去才有力度，缩的幅度越大，再次出击的力量也越大。班组长在安全工作中"示弱"，其实就是缩回拳头的过程，目的是在关键时刻出拳更快、更重、更猛。在班组安全工作中，班组长根据不同事件、不同时间、不同地点、不同操作、不同作业的实际情况，适度地退让，可以起到缓解紧张气氛，显示自己的诚心，给足对方面子，赢得他人理解等作用，有助于对特殊事件的协商、对具体安全工作的推进、对双方关系的改善。

(3)"示弱"勿刻意

作为一种领导艺术，在班组安全工作中，班组长何时"示弱"，何地"示弱"，在什么情况下可以"示弱"，在什么情况下不能"示弱"，"示弱"时要注意哪些问题，也是大有讲究的。对班组长来说，"示弱"是在特殊情况下运用的一种特殊策略，不可随意使用、也不可滥用。

① 不刻意。逞强要分情况、分时间、分地点，"示弱"同样也要看情况、看时间、看地点，尽可能做到不随意、不故意、不刻意。随意"示弱"，是时机把握不好；故意"示弱"，是方法运用不对；刻意"示弱"，是心思用过头。如果不合时宜、方法不对、运用过头，"示弱"不仅收不到应有的效果，反而

会给人做作的感觉。如果是对上级领导，上级领导会觉得此人不可信；如果是对下属，下属会因此而远离。

② 不矫情。"示弱"重在真诚，如果不是出于真心，而是有意掩饰真情，故意扭扭捏捏、矫揉造作，"示弱"不仅收不到应有的效果，反而会让人心生厌恶。如果班组员工认为班组长所显露的弱点并不真实，不仅不会对其理解和支持，相反还会嘲笑和鄙视，班组安全工作中不乏这样的例子。一些班组长在遇到敏感的问题时总是假装健忘，以此来掩饰自己的不诚实或前后态度的不一致。其实对班组长说过的话、做过的事，员工大都记得很清楚。如果班组长矫情"示弱"，无疑会疏远员工，增加员工的不信任感。

③ 不过度。谦虚过度就是骄傲，"示弱"过度就是虚伪。凡事皆有度，班组长在安全工作中的"示弱"不需要勉强，没有的弱点千万不可硬往自己身上贴。"示弱"不需要夸张，到什么程度就承认到什么程度。适度"示弱"重在对度的把握，恰到好处能够收到应有的效果，如果这个度把握不好，不仅收不到应有的效果，而且可能产生一些副作用。因此，班组长在安全工作中的"示弱"把握好度是很重要的。

30. 班组长如何对待"不如意"的新岗位

根据工作的需要，企业对班组长适时进行岗位调整，是一种正常的组织行为。能否正确对待岗位变动，特别是正确对待"不如意"的新岗位，是对班组长的综合素质的考验。

(1) 班组长对新岗位"不如意"

表现在对新岗位"难、冷、平、下"等方面的不满意。

(2) 正确对待"不如意"的新岗位，应理性地处理好以下关系

① 权力与职责的关系。权力是履行职责的基础，履行职责是行使权力的根本目的，二者相辅相成。每个班组长都必须正确对待岗位权力，不能因为对新岗位不满，就漠视、滥用权力，甚至把权力作为发泄内心苦闷的工具和渠道。必须认真履行岗位职责，自觉肩负起车间和员工赋予的职责，为企业的发

展和安全生产事业用好权、尽好责，不将一时的"不如意"作为逃避责任的借口，做"甩手掌柜"。

② 个人与组织的关系。岗位调整是车间根据其发展和安全生产的形势以及建设高素质员工队伍的需要及班组长个人素质能力等情况做出的人事调整，个人应当服从车间安排，不以过去取得的成绩作为筹码向车间讨价还价，或者以各种非正当的理由消极对待甚至拒绝服从车间安排，甚至必要时应当为大局而牺牲个人利益。这不仅是班组长应有的胸怀境界，更是讲党性、重品行、做表率的具体体现。

③ 个人与他人的关系。正确处理与他人的关系是班组长化解岗位"不如意"的重要途径。在处理与班组班子其他成员的关系时，应充分尊重他们的安全生产领导艺术和安全管理工作方法，主动维护班组班子的团结，切忌带着"不如意"的消极情绪；在处理与下属的关系时，应加强沟通交流，充分征求他们在安全工作上的意见和建议，做到平易近人、关心下属，杜绝把下属作为发泄不满情绪的出气筒；在处理与服务对象的关系时，要树立正确的员工观和服务意识，在提升安全工作领导水平和熟悉新岗位安全生产技术业务的基础上，转变消极心态，提高服务员工的质量。

④ "如意"与"不如意"的辩证关系。对"如意"与"不如意"关系的狭隘理解，是班组长对新岗位产生"不如意"的重要因素。正所谓"塞翁失马，焉知非福"，现在"不如意"的岗位经过不断了解、适应和努力会慢慢转变成让车间、员工和自己满意的"如意"岗位，"如意"岗位也可能因精神懈怠、无所作为而变得让车间和员工不满意。同时，要消除对"不如意"内涵的错误理解，要把能否最大限度地为企业安全发展服务、最大限度地发挥安全工作才能作为评价岗位如意与否的标准，摒弃因权力变小、业务范围变窄、待遇降低等导致"不如意"的片面观念。

(3) 对新岗位"不如意"，既有个人的也有组织的原因，必须加强配套机制建设，发挥各方面的积极作用

① 班组长个人要积极转变心态，尽快适应工作。积极转变心态是班组长正确对待"不如意"新岗位的前提条件。一方面，要牢固树立正确的权力观、地位观和政绩观，加强修养，克服对"不如意"观念的狭隘理解，客观分析和全面把握自身的学习能力、沟通能力、适应能力和工作能力，以豁达、积极的心态投入新的工作岗位。另一方面，要主动加强学习，特别是要深入研究新岗

位的安全生产重点、难点和前沿问题，积极主动地向班组里的行家里手学习，注重在生产岗位和生产过程调查研究、总结学习，在不断学习中提升履职能力。

②建立健全岗前培训机制，提高综合素质。全面提高综合素质是正确对待"不如意"的新岗位的关键举措。要具体分析班组长"不如意"的症结，按照"干什么学什么、缺什么补什么"的原则，充分发挥企业厂级安全教育、车间级安全教育和班组级安全教育"三级安全教育"的优势，有针对性地开展岗前安全培训，加大对履新班组长的专题培训、业务培训和心理辅导的力度，拉长履新班组长安全工作能力的"短板"，全面提升班组长领导水平和能力。

③车间要适时关心引导，提高思想觉悟。车间主要领导要经常与履新班组长进行谈心交流，了解其对新岗位"不如意"的深层次原因，并详细介绍其车间的基本情况、发展思路和政策措施，主动帮助他们熟悉情况，让其尽快适应环境、进入角色。当新任职班组长遇到困难和挫折时，车间要给予关心和鼓励，帮助其总结经验教训。对短期内不能突破心理障碍或难以适应工作环境的，应及时建立并坚持领导帮带制度，最好由车间一把手担任帮带人，促进履新班组长更好地开展工作。班组安全工作必须警钟长鸣，必须常抓不懈。

④建立正常的班组长交流制度，促进人岗相适。建立正常的班组长交流制度是提高班组长素质、促进人岗相适应的有效途径。车间要在充分了解岗位要求的基础上，根据班组长的履历、学历和能力结构等特点，有针对性地推行班组长交流工作，让合适的班组长到合适的班组岗位上，做到用其所长；同时，在全面掌握班组长情况和交流信息有效公开的基础上，实行双向选择，充分尊重班组长个人的选择权利，做到用其所愿。

⑤ 营造良好的社会家庭氛围，消除思想顾虑。坚持正确的社会舆论导向，大力宣传人事制度改革的相关政策，消除"上荣下辱"的社会偏见，疏导履新班组长的负面情绪，为他们尽快进入角色营造和谐包容的社会舆论环境，消除其心理负担。同时，注重发挥班组长家庭的积极作用，当履新班组长对新岗位产生抵触情绪时，要给予充分理解和支持，帮助其化解消极情绪，营造温馨的家庭氛围，解除其思想顾虑。

31. 班组长安全工作中要善用硬气人

硬气人是极富个性色彩的"另类"。一个班组里若没有几个硬气人，或者在安全工作中不能发挥硬气人的作用，听不见逆耳的声音，看不到有人逆水弄潮，而是被"万马齐喑"的阴霾所笼罩，长此以往，就湮没了生气，削弱了战斗力，着实堪忧。

(1) 何谓硬气人

这里所说的硬气人，是指那些硬的有道理的人。总结起来，硬气人有"四硬"：一曰脑袋硬；二曰脖子硬；三曰肩膀硬；四曰腰杆硬。

(2) 硬气人为何硬气

班组里每一个硬气人硬气的缘由都不尽相同，但是统而观之，一般不外乎以下几个方面的原因。

① 源于他们有过硬的"底气"。所谓过硬的"底气"，即指超强的能力和素质。艺高人胆大，也能使人变得硬气。有一个真实的故事颇能说明这个道理：1992 年，美国福特公司有一台大型电机发生了故障，多名专家修了 3 个月依然没有修好，有人推荐了德国机电专家斯坦因门茨。他来到工厂，在电机上这儿拍拍，那儿敲敲，然后用粉笔画了一条线，对陪同的专家说："打开电机，把这个地方的线圈减去 16 圈。"照此处理之后，这台电机立即恢复了正常运转。福特公司问要付多少酬金，斯坦因门茨开价 10000 美元，对方有人说他勒索，斯坦因门茨笑笑提笔在付款单上写到"画一条线是 1 美元，知道在什么地方画线是 9999 美元，1 美分都不能少"。斯坦因门茨之所以如此硬气，就是

因为他维修电机的技术之精湛是在场其他人都无法企及的。硬气人就是这样，有超强的能力和素质垫底，凭自己的本事不愁没饭吃，任何时候都充满自信，给人以特立独行、狂傲不羁的印象。

② 源于他们的价值取向。在一个人的价值观中居于支配、统御地位的是其信念、信仰和理想，所以，价值观对人的思想和言行具有决定性的意义。在班组中硬气人正义凛然，追求和崇尚的是真理，胸中每每激荡着一股浩然正气。他们不为利诱，不为物惑，不唯书，不唯上，只唯实，固守着自己的人生坐标不动摇。

③ 源于他们某种程度的迂。正是由于这种迂的元素的存在，我们在同硬气人打交道的时候，往往会觉得针尖大的小事在他们那里都特别难以通融，甚至有时候会觉得他们的迂可笑。这里所说的"迂"，既指对自己人生价值坐标固执守望，也有不合时宜、不通权变或不屑见风使舵之意。

(3) 班组安全工作中如何用好硬气人

正确地认识班组的硬气人，正确地认识硬气和正确地认识自己，是班组长在安全工作中用好硬气人的关键。

① 切莫将他们当作另类或"鸡肋"。硬气人因其硬气而引人注目，因其硬气而引人敬仰，拥有很好的群众基础。硬气人的一个最为突出的特点就是"主意正"，凡事都有自己的主意，不管面对的是谁，也不管坚持自己的主见会带来什么样的后果和麻烦，只要自己认为是对的，就绝不退让、不妥协。当然，金无足赤、人无完人，硬气人也难免会有缺点，但是，班组长在安全工作中唯有容其所短、避其所短，方能用其所长、扬其所长。

② 切莫把硬气当作一种消极颓废的意识。硬气主要由坚韧、执着、热忱、诚信、创新、慎独、激情、无畏等要素构成，虽然有时也带有一定成分的迂，但在一般情况下，无论对于个人成长进步还是对于班组安全建设来说，硬气都是一种难能可贵的积极向上的力量。

③ 切莫总想以领导的霸气压服硬气。有一句成语叫利令智昏，实际上还有一种东西更容易使一些人的头脑发昏，那就是权力。作为一个班组的领导，对于下属的硬气，只能用正气去回应，用豪气去感染，用和气去熔融，绝不能端着班组长的架子以霸气去撞击。用霸气去撞击硬气的结果，或者是撞翻了班组长自己，或者是撞伤了硬气人，或者是鱼死网破、两败俱伤。无论出现哪种结果，都会给班组安全工作带来不可估量的损失。

32. 班组长安全工作要有"五德"

班组长作为班组员工的代言人、班组员工的贴心人、安全生产的领头人，作为推进班组安全发展的中坚力量，在贯彻落实科学发展观，促进班组又好又快发展的实践中，必须坚持以身作则、率先垂范，具备"五德"，以实际行动树立班组长的良好形象。

（1）对党和人民的安全事业要真忠

对党和人民的安全事业真忠，体现在坚决贯彻执行党的安全生产方针政策上，体现在听从指挥、服从命令、令行禁止上，体现在自己的言谈举止上。那些搞短期行为，光顾眼前，不顾长远，令不行、禁不止，搞上有政策、下有对策的做法，都是对党和人民的安全事业不忠，对安全生产的极不负责。

（2）对员工群众要真亲

班组的根基在员工，血脉在员工，力量在员工。班组不是哪一个人的班组，而是全体员工的班组，代表的是班组全体员工的根本利益。班组长要和员工建立真正的亲人关系、鱼水关系，真正把员工的安危冷暖放在心上，真正为员工谋利益，真正为员工办实事，真正为员工解决问题，真正做员工的贴心人。

(3) 对自己要真严

班组长在安全工作中，对自己要真严，不放任、不放纵自己，特别是在执行安全生产法律法规方面，对自己一定要真严。班组长在思想、工作、作风、纪律等各个方面都要以身作则，严格要求自己，真正起到模范带头作用，发挥表率作用。凡是要求员工做到的，自己首先要做到。每位班组长必须保持有所畏惧的为官心态，在权力面前要如临深渊、如履薄冰，更多地把权力视为一种压力、一种考验、一种责任，真正做到权为员工所用，情为员工所系，利为员工所谋。

(4) 对违规犯纪行为要真管

班组长对员工违反安全生产法律、法规等行为，要敢于真管。要在班组安全生产工作中讲正气、树正风，抱着对党和人民安全事业负责的态度，该批评的批评，该警告的警告，该处理的处理，该追究责任的一定要追究责任，绝不姑息迁就。

(5) 对安全工作要真干

想干事、能干事、会干事、干成事是每一位班组长在安全生产中最起码的工作标准和基本要求。真干是促进班组经济发展、安全发展的前提条件，是贯彻落实科学安全发展观的具体实践，也是班组长出成绩的必然要求。每一位班组长都要围绕本班组的安全生产工作，扑下身子、静下心来、埋头苦干、亲力亲为。要把真抓实干体现在实实在在的安全生产成效上，从基础做起、从岗位抓起，多干打基础的事情，多干对长远发展起作用的事情，尽职尽责、尽心尽力、克难攻坚、负重拼搏，把全部精力用在干好安全事业、谋求安全发展上。

33. 班组长对待下属冒犯的"方针"

冒犯，一般是指言语或行为没有礼貌，从而冲撞了别人。一般来说，下属冒犯班组长，是无理取闹也好，是振振有词也罢，都是事出有因的，班组长和下属是领导与被领导的关系，因而领导应是处理冒犯主动、主要的一方。在被下属冒犯后，首先要静下心来把事情的来龙去脉搞清楚，把下属冒犯自己的原因弄明白，再根据下属冒犯自己的不同原因和程度对症下药，"一把钥匙开一把锁"，妥善处理。有如下"方法"不妨用之。

（1）镜子省己法

下属冒犯班组长，大多是由下属头脑一时发热、情绪一时失控而引起的。对此，班组长首先要有反思自己的勇气和理智，要能迅速从窝火的心态中"跳"出来，以下属的言行为镜子，反射自省，多从自我找原因，多问"是不是我哪方面做得不好"。对自己在安全工作中的不足和失误，要树立主体、主角意识，主动做好沟通的解释工作，消除误会、增进理解、融洽关系。只有以这样的心态和姿态处理下属的冒犯，才能真正体现出领导者的气度和魅力，才能真正维护好班组长自身的形象，才能真正有利于班组的安全建设。

（2）弥勒大肚法

下属冒犯班组长，有的是不经意间的率性而为，有的可能是对安全生产负责任而提建议、表达意见的体现，还有的可能是由信息不对称而造成的误解和误会，而且大多时候，下属冒犯班组长后，往往已在私下里后悔了千万遍，甚至害怕班组长给自己"穿小鞋"，心理压力很大。因此，班组长遇到此类冒犯，应本着"大肚能容天下难容之事"的态度，做到豁达大度，容人容事，把下属的冒犯当作一件好事来看，看成班组安全生产工作良好的民主氛围的体现，做到胸中装大事、心里想正事、眼睛向前看，不为所谓的冒犯所困，不为所谓的"不敬"所累，而要对下属在冒犯中反映出来的信息进行认真的分析研究，并妥善加以解决。

（3）秋后提醒法

对班组那些平时不拘小节、不太注意礼貌、对人不够尊重的冒犯者，作为班组长，不妨"糊涂"一回，做到在公开场合冷处理，不与下属论一时之对错、争当众之高低，不为换回面子去要个人威风。但在事后，要从班组安全建设和提高下属安全生产能力素质的高度，主动放下架子，端起笑脸，在一些非正式场合或在工作之余与之沟通，对其提醒和启发，从而达到消除彼此心中误会和积怨的目的，并使下属懂得尊重是相互的，只有尊重他人，才能赢得他人的尊重，提高下属尊重人、讲礼貌的自觉性。"秋后提醒"非但不是班组长无能、小肚鸡肠的表现，反而更能彰显领导者的理性和修养，从而更能赢得下属的尊重和认可，特别是下属从"秋后提醒"中得益后，对班组长会更加尊重和感激。

（4）严词正告法

对在班组个别玩世不恭，把在大庭广众之下让班组长难堪当乐趣、当本事，或自恃怀才不遇，把与班组长顶牛当作对工作不顺心的发泄，或对那些因对某项领导安排的工作不满而故意找茬的冒犯者，班组长一定要敢于严词正告，要通过直接或间接的方式方法，对其提出批评，帮助其分析、认识和改正自身的不足和错误。要让下属懂得在班组安全生产工作中可以有不同意见，但提意见要讲究方式方法，注意时机场合，懂得按正常途径反映问题，不能为泄私愤而去撒泼，不能通过非理性途径闹事。更重要的是，对于这样的下属，班组长首先要不计前嫌，反复与之交流和沟通，以理服人、以情感人、以诚取信，并在平时的生活和工作中注意解其困难、纳其善言、用其优长、助其干事，帮助他们真正实现自身的价值，发挥好班组的团队力量，以促进班组安全生产，促进班组安全发展。

34. 班组长把握爱护与管理下属关系中的"宜"与"忌"

在一个班组，下属的安全生产积极性能否得到最大程度发挥，安全工作潜能能否得到最大限度释放，除了受其素质、能力和岗位职责等因素的影响外，还与班组长的管理艺术和方法直接相关。班组长如果不能正确处理与下属的关系，班组的安全工作凝聚力就无法形成，班组没有凝聚力，班组长就变成"光杆"。要增强班组的安全工作凝聚力，班组长必须把握爱护与管理下属的统一，既要讲科学，又要讲艺术。

（1）宜知人善任，忌任人唯亲

发现人才、培养人才、使用人才是领导者的基本职责，也是班组长正确处理与下属关系，调动下属安全工作积极性的重要方面。班组长只有做到求贤若渴、知人善任、任人唯贤，才能赢得下属的尊重与爱戴。要有爱才之心、识人之能、用人之胆、容才之量、举才之德，这样才能吸引人才，而有了人才，安全生产事业才会蒸蒸日上。班组长在班组安全工作中不可能在各方面都表现得出类拔萃，而下属在某些方面则可能有过人之处。班组长应更多地看到下属的长处、优点和贡献，用其所长、避其所短，并且不失时机地予以肯定和赞扬。

(2) 宜严明赏罚，忌放任自流

班组长在安全工作中掌握公正赏罚艺术，是履行领导职能很重要的一环，也是处理好与下属的关系，调动下属的安全生产积极性的重要手段。要想成为一名优秀的班组长，必须学会严厉和安抚相结合。当看到下属松懈懒散、毫无士气时，必须采取严厉的措施来约束他们，以增强他们的纪律性和集体的荣誉感。同时，这一政策实行了一个时期，达到一定的效果之后，可以再实施宽松的政策，给予安抚，做到一收一放、一紧一松。管理下属时，应软中有硬、宽严相济，做到有功必赏、有过必罚，罚必从严、赏必明智，从赏罚中体现恩威并施。

(3) 宜民主沟通，忌独断专行

当代社会生活的复杂性，决定了班组安全工作单靠简单的行政命令是难以奏效的，要靠信息、情感和思想的沟通来提高班组长的吸引力和影响力，使下属自觉地、心情舒畅地努力搞好安全工作。这就需要正确运用民主，善于协调沟通。民主原则是领导者做好一切工作的根本原则，也是班组长搞好与下属关系的基础。班组长在安全工作决策过程中要营造一种民主的氛围，尊重下属，虚心听取下属的建议，鼓励下属发表自己的见解，尤其是应当欢迎下属提出建设性的意见，吸取下属参与对重大安全问题的决策讨论，把下属的安全生产积极性充分调动起来，然后集中集体智慧，做到"从群众中来，到群众中去"，这样有利于增进团结，加强了解，消除心理障碍，使彼此感情更加接近，心理上有更强的相容性。

(4) 宜一视同仁，忌厚此薄彼

班组长对下属是否一视同仁、公平合理，是处理与下属关系的关键。当下属发现班组长能公平对待自己，心理上就会平衡，心情就会舒畅，安全工作积极性就会高。反之，则会产生不公平感。班组长的不公正态度，会引起下属的强烈不满，严重挫损下属的安全工作积极性，有时还会导致下属为发泄自己的不满而与班组长冲撞。因此，班组长对下属必须坚持不论关系亲疏，不论个人好恶，做到"一碗水端平"。

(5) 宜礼贤下士，忌居高临下

班组长与下属之间只是工作分工的不同，班组长与下属的职位不同，不等于人格上的贵贱。下属具有独立的人格，班组长不能因为在工作中与其具有领导与被领导的关系而损害下属的人格。同时，班组长应适时给下属鼓励、慰勉，认可、褒扬下属的某些安全工作能力。对下属在安全工作中出现的不足或者失误，不要直言训斥，而要与下属一起分析失误的根本原因，找出改进的方法和措施，并多对其进行鼓励。

(6) 宜推功揽过，忌争功诿过

对下属在安全生产中取得的成绩及时予以表扬和肯定，不与下属争荣誉、抢功劳，对失误能勇于承担责任，是班组长行之有效的安全工作方法，有利于培养下属接受艰巨安全生产任务的勇气，改善上下级关系。下属工作有了成绩，要及时表扬和奖励，并帮助他们确定新的、更高的目标，鼓励他们再接再厉，继续探索和创新。下属在安全工作中出现失误，要帮助他们查找原因，然后对症下药，绝不能不顾其自尊心和难处，不问青红皂白，一看工作出现失误就火冒三丈，大声斥责。这样做不仅不利于问题的解决，还可能引起下属的抵触情绪，久而久之，真心实意干工作的人就会越来越少。

(7) 宜合理授权，忌事必躬亲

班组长在安全工作中合理地授权可以摆脱烦琐事物的纠缠，把日常安全工作任务交给下属完成，而专心处理重大安全工作决策问题，这样有助于培养下属的工作能力，有利于提高士气。授权是否合理是区分班组长才能高低的重要标志，正如韩非子所说："下君尽己之能，中君尽人之力，上君尽人之智。"班组长要成为"上君"，就必须对下属进行合理授权。

(8) 宜关心民瘼，忌不闻不问

下属对安全生产付出的努力，往往同班组长的关心有很大关系。班组长如果以坦诚的态度给予下属多方面的关心，在平时的交往中，在坚持原则的基础上，放下架子，去掉官气，当下属的挚友，在生活上多关心，在工作上多帮助，就能得到下属的爱戴和支持，就能为下属所拥护，也才能更好地增强安全工作效果。关心下属的疾苦，帮助下属解决在实际安全工作中和日常生活中遇到的困难，不论是安全工作中的难题还是精神上的困惑，都应该关心。要特别注意，作为一名合格的班组长，必须随时了解下属的心理动态，掌握他们的基本要求，并为满足他们的基本要求而身体力行。

35. 班组长安全工作中小事不可随意

辩证唯物主义告诉我们，由量变引起质变是事物变化的客观规律。现代混沌学理论说明，飓风有时是因为蝴蝶扇动翅膀而形成的（蝴蝶效应）。无数事例警示我们，在班组安全工作中要在小事、小处、小节上做起，用"善小"锤炼，修养人生，并争取用"善小"铸造有益于企业安全生产的"蝴蝶效应"。

(1) 不搞"小圈子"

凡搞小圈子的人，都从个人的私利出发，拉那些情投意合的人下水，拉老乡关系，结"乡音圈"，拉朋友关系，结"友谊圈"等，在背后结成利益同盟，采用打击、拆台等手段对付对自己有利益之争的圈外人。有少数的班组长"迷"圈、"恋"圈、"扎"圈，不能正确认识和处理个人利益、局部利益、班组利益、企业利益的关系，个人主义、自由主义思想严重，企图通过"垒小山头"、搞小团伙，谋取个人利益。玩小圈子的人用哥们儿义气取代组织原则，用小团伙的"歪门邪道"取代组织纪律，用少数人的利益取代班组、企业的利益。由于把精力用在经营自己的小团体上，往往疏远了与班组广大员工的感情，势必影响班组安全生产。

(2) 不听"小报告"

小报告属于一种不正之风，其危害不仅使班组长对被报告者产生不良影响，甚至会使班组长对被报告者因误会而生恨，进而对其刻意打压。

(3) 不信"小消息"

小消息就是小道消息。虽然小道消息包含的信息也有可能是正确的或有依据的，但由于它不能在正常渠道传播，很容易变形、走样、失真。特别是一些安全工作的敏感问题，一旦小道消息传开，就会很快传得离题万里、面目全非，甚至夹杂谎言或谣言。小消息的基本特征就是一个"假"字，或无中生有、小题大做，或张冠李戴、添油加醋。若任其蔓延流行，不仅会妨碍班组安全活动的正常开展，而且不利于班组安全建设发展。

（4）不轻"小毛病"

在班组生产中有的班组长认为存在一点儿小毛病不影响大节，没有什么可怕的，只要在安全原则性问题上不犯错误，算不上什么大事。还有的认为，时代不同了，要学会享受生活，不能亏待自己。正是那些所谓情理之中的一些小错误使得个人兴趣变得低俗，最终走向了违规、违纪、违法之路。"名节源于修养，境界升于内省"。班组长应该时刻检点生产、生活中的小毛病，把好防微杜渐的关口。员工往往就是从那些看得见、摸得着的生产、生活小节上去认识、评判班组长的。事实证明，凡是小毛病不断的人，大错误随时可见。总在小毛病上被别有用心者打开缺口，就会逐步走向深渊。因此，在班组安全工作中，抓小问题则成大节，重小节方成大器，班组长深刻领悟"舟必漏而后入水，土必湿而后生苔"的道理，在平时生产、生活的方方面面管好自己，做到生活正派、情趣健康，讲操守、管小节、重品行，注重培养健康的生活情趣，保持高尚的精神追求。

---

36. 班组长如何驾驭顶牛的下属

在班组日常安全工作中，不少班组长都遇到过与自己顶牛的下属。面对这种情况，如果处理欠妥，很容易把班组长与下属的关系搞僵，甚至激化矛盾，影响正常安全生产工作的开展。如果班组长讲究一点策略，对顶牛的下属采取先"观"后"引"再"牵"的方法，则很容易驾驭他们，并能进一步赢得他们的信任。

（1）观"牛"——看清顶牛下属的来势，辨明其顶牛的原因，以便对症下药

造成下属与班组长顶牛的原因是多方面的，作为班组长，对此一定要头脑冷静、仔细观察、认真分析。一是查找班组长自身的原因。不管是安排安全生产任务还是总结安全生产工作，班组长都可能在不经意中伤害个别下属的自尊心或者引起个别下属的误解，甚至班组长在某种场合漫不经心的态度、表情和

言谈举止都会引起个别下属的不满而导致与班组长顶牛。二是查找下属的原因。下属与班组长顶牛是由于对某个问题有看法，从而想与班组长理论；有的是由于对某事有特殊的要求，但没有达到目的，而故意找碴儿；有的是由于在家中或社会上受了委屈，无处发泄，与班组长谈话时恰恰是话不投机，从而与班组长顶牛；有的是性格使然，下属本身就有一张刀子嘴。如此种种，都很容易使下属与班组长顶牛。这就要求班组长在遇到与自己顶牛情况时，首先，要反躬自省，仔细检查一下自己处事是否有失公正，工作态度是否倨傲，语言表达是否欠妥。其次，要认真听取下属的陈述，冷静、客观地分析一下下属与自己顶牛是出于何种心态。再次，要换位思考，把自己置于下属的位置去考虑问题，分析一下顶牛的下属是怎么想的。这样一来，就不难找到降"牛"的办法了。

（2）引"牛"——避其锋芒，减缓对方的狂躁情绪，使之逐渐平息怒气，为其接受自己的安全教育和工作安排创造有利条件

首先，要负责不指责，即使与自己顶牛的下属出言不逊、言辞激烈，也不要突然打断他的话或者不让其把话说完，更不要冷嘲热讽，进行过分的指责，而要以自己认真的态度给顶牛的下属一个负责任的印象。其次，顺气不赌气。对顶牛下属的不良表现和故意顶撞行为，班组长不要太在意，与之赌气；相反，要善于运用沉默艺术，让顶牛的下属先宣泄一番，否则，针尖对麦芒，势必两败俱伤。只要宽容地对待顶牛的下属，先顺其气，才能有效地进行规劝和引导。再次，要耐心不灰心。作为班组长，要有博大的胸怀和足够的信心，对顶牛下属的合理建议要予以肯定，正确的意见要表示予以采纳，以便尽快缩短与他的感情距离，通过自己耐心细致的工作为下一步的"牵"打好基础。

（3）牵"牛"——抓住最佳时机，针对顶牛下属的不同态度和存在的思想问题进行教育，使之转变认识，提高觉悟

一是动之以情。对班组长自身原因而导致下属顶牛的，班组长要勇于承认错误，要尽快讲明情况，消除误解。对下属的原因而导致其与自己顶牛的，要弄清情况，区别对待。譬如，对在家庭中或社会上受了委屈而与自己顶牛的，班组长要予以理解和同情，甘当出气筒，以自己的满腔热情引起下属情感上的共鸣，从而感化顶牛的下属。二是晓之以理。对存在片面的看法和不正确的认识而与自己顶牛的下属，要对其摆事实，讲道理，剖析其思想根源，并有针对性地进行教育而不能一味迁就。要使其明白，有一定的想法可以理解，但要梦想成真，必须靠骄人的安全生产业绩，从而使其认识并改正错误。三是导之以行。面对顶牛的下属，作为一名班组长要以坦荡的胸襟、高尚的情操和模范的言行在具体的安全工作中做出表率，使顶牛的下属对自己的行为有所悔改。对待顶牛的下属，班组长不但不能挟嫌报复，而且还应以采纳其正确意见、广开言路的方法变被动为主动，化解与下属之间的矛盾。

总而言之，班组长面对顶牛的下属这把"锁"，开启的"钥匙"就在班组长自己手中。只要班组长在冷静观察、泰然处之中认真分析、巧妙对待，就一定能驾驭各种各样的"犟牛"，使班组形成一个团结战斗的集体，班组的安全工作一定能搞好，并为企业的安全发展注入新的活力。

37. 安全工作中班组长要善于为下属说话

在班组安全生产工作中，下属若能遇到个公道正派、关心体恤下属、敢于为下属说话的班组长，实在是件幸事。

(1) 在下属遭受误解时为其说话

下属在安全生产工作中最痛苦而又最无奈的事，莫过于领导对自己产生误解，由于地位悬殊，下属或因慑于领导权威不敢置辩，或因领导作风武断、不容置辩，从而蒙受不白之冤。这些误会如不及时消除，则可能带来严重后果。在这种情况下，班组长应主动站出来，运用自己的身份和影响力，助下属走出困境。如果自己失误，就应坦率地承认过错，承担责任；如果分管领导对下属产生误解，可代下属做些解释；如果是自己的上司对下属产生误解，则可利用

上司对自己的信任及自己与上司关系密切、易于接触等有利条件，选择适当的时机和方式，陈述事情真相，为下属做必要的辩护，以达到弄清是非曲直、改变上司对下属不良印象的目的。

（2）下属工作失误时为其说话

在下属眼中，班组长握有他们进步升迁的"生杀"大权，因此，班组长的褒贬在其心目中有着很重的分量。有时候，班组长一句普通的表扬能使下属热血沸腾，一句不经意的批评会使下属沮丧万分，甚至一些难以察觉的不快都可能令下属忐忑不安，而严厉批评则更可能对其产生很大的杀伤力。在班组实际的安全生产工作中，下属难免会出错，班组长在批评时一定要注意方法和分寸。如果下属不是蓄意或因责任心不强导致出错，后果也不严重，且对所犯错误认识深刻，就不必过于严苛，更多的应是指出症结、分析原因、传授方法，甚至可适度为其开脱，这样既有利于维护下属自尊，又有利于其吸取教训。

（3）下属进步受挫时为其说话

毋庸讳言，在我国现行的任用干部运行机制中，企业的领导者，特别是基层的班组长有着较多的话语权，对下属的进步起着至关重要的作用。因此，班组长一个很重要的任务，就是努力为下属的健康成长创造良好的工作环境和人际环境，积极为其进步创造条件，建议企业组织适时把德才兼备、条件成熟的下属推向重要工作岗位，尤其应对那些因不正常因素的干扰而导致进步受挫的下属施以援手。因为在实际的班组安全工作中，并非所有德才兼备的下属都能被企业的上层领导认可，进步一帆风顺。

总之，在班组安全生产工作中，班组长作为领头羊，处处关心爱护下属，才能调动下属的安全生产积极性、主动性、创造性，敢于为下属说话，才能赢得下属的心，下属也就自觉自愿地为班组安全工作出谋划策。在下属遭受误解时为其说话，在下属工作失误时为其说话，在下属进步受挫时为其说话，在下属权益受损时为其说话，这样一来，下属的心和班组长想在一起，下属的劲儿和班组长使在一起，班组的安全生产工作就会取得更大的辉煌。

38. 班组长安全管理之道——"理"在"管"先

为了尽快树立形象，确立威信，推动班组安全工作，有不少班组长在开展安全工作时，都特别重视加强管理，应该说，这样做有一定道理。但在安全生产实践中，有些班组长似乎更偏爱管，安全管理的重心大都落在了"管"上，建章立制，从严操作，似乎管得严、管得紧、管得精，就能管得住、管得好，不知不觉中忽略了"理"的重要性，割裂了"管理"的整体性。事实上，人类的管理理念恰恰是经历了一个从强调"管"的权威性转向强调"管"的制度化、人性化进而重视对"理"的不懈追求的过程，在人文精神日益张扬、自我意识日益强化的今天，班组长要获得对自身权威的合法性认同，就必须在安全管理中重视"理"并积极地加以实践。

(1) 安全工作安排要有条理

安全工作安排井井有条，是班组长工作作风严谨、驾驭能力强的一个重要体现，也是班组长树立高效精干形象的关键细节。很难想象一个安全工作安排混乱、安全计划设置失衡、安全工作决策朝令夕改的班组长，能够有效地建立起有效于安全工作的必要权威。按理讲，实现安全工作安排的条理性，对于一个班组长而言，不应该是一件困难的事，关键是不能满足于一时一事的清晰，而应追求时时处处的条理。为此，一方面，要在平时的安排工作中刻意历练自己工作的条理意识；另一方面，还需要善于从班组领导者的角度登高望远，"一览众山小"，这样才能"见山是山，见水是水"，不至于面对繁重的安全工作任务"迷不知所之"。

(2) 处理安全事务要有道理

领导就是服务，权力就是责任。班组长在开展安全工作的时候，不可避免地要触及班组内的一些矛盾和问题。有的是生产的问题需要去解决，有的是岗位的竞争需要去调适，有的是班组领导层言高言低的误会，台前台后的疙瘩需要去调处。所有这些，都是对班组长领导水平和领导艺术的考验。但从本质上讲，所有的领导艺术都只是一种技术性的措施，核心的东西是调处这个问题的结论是否有利于大多数员工的根本利益，是否有利于本班组的根本利益，是否有利于大多数员工的情理认知和道德期许，这是问题的关键。如果这个"大道理"讲不好或者是讲不清楚，所有的领导艺术都是无源之水、无本之木，都有可能被理解成一种欺骗，从而遭到抵触，不易推行。

(3) 待人处事要合情理

"领导也是人，班组长也是人"，这句意味复杂的"名言"，在被不同场合广泛引用之后，逐步演变为一句颇不严肃的调侃。但如果剔除其为领导者辩护的潜在倾向，深入地想一想，这句话对班组长也具有相当大的制约性，同时也对班组长提出比较高的要求。班组长在组织安全生产中除了要重视职位本身赋予的法理性权威之外，更重要的是要珍惜班组内部的情感认同，这往往是以班组自觉服从、深度认同、无条件支持为主要内容的合法性的真正来源，这种情感认同主要来自员工之间的肯定和接受。

(4) 应对安全问题要有法理

从某种意义上讲，班组长开展安全工作的过程中，就是发现问题、解决问题的过程。这个过程对班组长来讲，既是其才华能力的一种展示，更是其理性精神和力量的一种考验。如果从讲"理"的角度来考察这个过程，关键的一条就是要讲法理。一个班组长在履行安全管理职能之时，一定要有非常明晰的法理意识，依法管理、依法行政，这是现代安全管理的重要精神之一。当法治观念愈发稳健而广泛深入安全生产领域的各个角落之后，安全法制观念的强弱，就成为衡量班组长整体素质的重要标尺之一。

(5) 襟怀坦荡更要追求真理

是否敢于追求真理，是对班组长政治素质的考验，也是对班组长人格境界的衡量，一个戚戚于自我、营营于私利的班组长，一个唯唯于世俗的压力、诺诺于世利重负的班组长，是无法直面真理的考验的。一个不敢直面真理、追求真理的班组长，也一定无法建立起真正的权威，不可能获得真正的尊重。

总之，班组长要想很好地顺利地施行安全管理，首先就要努力使自己坦荡起来、高尚起来、宽广起来，以义无反顾的勇气和锐气追求真理，推进事业，这才是最根本的选择。

39. 班组长在安全工作中如何免受"夹板气"

在企业，班组长的位置非常特殊，属于兵头将尾，位置不高、权力不大、工资不多，但正是这种承上启下的位置，决定了他们在安全生产工作中的作用非常重要。正是由于这种承上启下的位置，给他们的工作带来不小的困扰，如当领导的安排与下属的期望背道而驰、分歧严重时，究竟是自保地以大欺小，还是贸然地以下犯上？面对诸如此类的困扰，经验丰富的班组长能够轻松应付，游刃有余地走于领导与下属的夹缝中，将大事做得轰轰烈烈，将小事做得可圈可点，将难事做得举重若轻；反之，就会在领导与下属的夹缝中遭受令人苦恼的"夹板气"，导致安全工作处处受制、寸步难行。

(1) 好风借力——要善借领导之力，趁工作之势

要善于借力打力，将压力均衡传到下属，带领下属圆满完成安全工作任务，使下属在工作中成长。第一，要增强表达力，增进与领导、下属的沟通。班组长的口头表达能力是一种基本素质，口头表达能力如何，直接反映能力的高低和安全管理效能的好坏。第二，要增强学习力，增进领会领导意图的准确性，班组长只有通过有效、积极、主动地学习，才能不断提高自身综合素质，提高领会领导工作意图的准确性。领会意图是班组长做好安全生产工作必备的能力。第三，增强创新力，增进安全发展战略决策的执行力。要以创新的精神接受领导的安全决策，并以此作为班组目标来把握做事的方向，带领下属在执行时不片面、不偏向、不走样。

(2) 圆通豁达——能容难容之事，受难受之气

圆通豁达是一门艺术，是一种境界，达到这种境界，要有博爱的心、博大的襟，还要有一份坦荡、一种气概。圆通豁达不等于迁就和放任，而是与人相处要会宽容、忍让。班组长在安全生产工作中要圆通豁达，能容难容之事，受难受之气，具体来说要做到"四容"：一要容人之言；二要容人之失；三要容人之才；四要容人之需。

(3) 换位思考——要体他人之难，谅他人之苦

班组开展安全工作，当领导和下属的想法不合拍时，不会处理问题的班组长要么总往"坏处"想，要么顾此失彼，支持了领导却得罪了下属，或者将下属的不同意见说给领导听，造成更大的矛盾，而自己受的"夹板气"也更大。安全工作遇到障碍时，班组长要习惯换位思考，既要从领导的角度出发思考问题，树立大局意识，自觉地服从实现企业整体安全工作的大局，还要从下属的角度出发考虑问题，体谅下属的实际难处。一要体谅领导之苦。二要体谅下属之苦。三要不怕当"坏人"。班组长要勇于替领导和下属"做坏人"，只有这样，才能完成班组长这个角色赋予的责任，才能很好地在领导和下属之间起到桥梁和纽带的作用。

40. 班组长应对下级冒犯的策略

在班组安全生产工作中，下级冒犯班组长的原因有多种，如有的下级拼命苦干，加班加点，但在利益分配上总是吃亏，在提拔使用上也总是慢一拍，时间长了，心里肯定不痛快，故意找机会向班组长表示自己的不满而冒犯班组长；有的是性格使然，性格比较直爽的员工，说话往往比较直接，遇到问题时有不同的意见总是直接说出来，不经意间就冒犯了班组长；有的员工是想引起班组长的注意，特别是有些年轻员工希望班组长重视自己的才识，但由于阅历不多，有时想表现自己，结果却冒犯了班组长。当班组长受到诸如此类的冒犯时，应如何应对？应把握"三忌"，并运用"三策"，具体方法如下。

(1) 忌针锋相对，激化矛盾

班组长因班组的安全工作受到下级的冒犯，切忌只图一时痛快，针尖对麦芒地与下级吵起来，这样的结果只会激化矛盾，造成两败俱伤。人人都爱面子，这是维护自尊、渴望别人尊重的需要。班组长纠正下级的错误是好事，但是不注意方式、方法，使下级感到丢了面子，下级不仅不会改正，还会固执己见，绝不退让。因为在这种情形下，下级考虑的不再是自身对错的问题，而是感到尊严受到了挑战，自我受到了攻击，这样其侧重点就是抵制进攻和伺机反击，致使双方都骑虎难下。

(2) 忌睚眦必报，打击报复

现在部分班组长自恃特殊，骄横跋扈，将班组这个管辖范围当成自家的天下，只喜欢听好话，即使好话说过点、说多点，也不怪罪，而一受到冒犯就不高兴，甚至怀恨在心，有机会就打击报复。有的班组长容不得下属一点冒犯，将冒犯过自己的下属视为"眼中钉"，轻者给"小鞋"穿，重者处处设置障碍甚至打击报复。

(3) 忌不讲原则，一团和气

在班组安全生产中，有的班组长为了个人的名声和选票，对下属哄着、护着。即使受到下级的冒犯，为了不影响班组"和谐"，该坚持的安全生产原则不坚持，该批评的安全问题不批评，该整治的歪风不整治。对于这样的人，孟子的评说非常恰当："非子无举也，刺之无刺也；同乎流俗，合乎污世，居之似忠信，行之似廉洁；众皆悦之，自以为是，而不可与入尧舜之道，故曰德之贼也"。

班组长在安全工作中受到下级的冒犯，用不着生气，更不可以用领导的权威和架子去压制对方，而是要以幽默、睿智、宽容来巧妙应对。这"三策"分别是：

① 以幽默应对冒犯，打破尴尬，变被动为主动。幽默是智慧的表现。恩格斯曾经说过，幽默是具有智慧、教养和道德上的优越的表现。班组长灵活地运用幽默这个武器面对冒犯，可以起到四两拨千斤的效果，轻易地打破尴尬，变被动为主动。在班组安全工作中，班组长灵活运用幽默，首先，要博览群书，拓展自己的知识面。知识积累得多了，与各种人在各种场合接触就会胸有成竹、从容自如。其次，要培养高尚的情操和乐观的信念。一个心胸狭窄、思

想消极的人是不会有幽默感的，幽默属于那些心宽严明、对生活充满热忱的人。再次，要提高洞察力和想象力。班组长要善于应用联想和比喻。

② 以睿智应对冒犯，明辨是非，找准症结。睿智的班组长面对下级的冒犯，不会冲动，而是审时度势，洞察情况，把握下级的思想动态，找准冒犯的原因，有的放矢地提出解决的办法。睿智的班组长明白，一般来说，下级是不会主动冒犯自己的，因此，首先要从自身找原因。一要想想是否对下级关心不够。二要想想是否对下级做到了一视同仁，公平公正。班组长对待下级不公平，会引起下级强烈的不满，严重挫伤他们的安全生产积极性，甚至有时还会使他们与班组长发生冲突，以发泄自己的不满。反之，当下属发现领导能公平对待自己，在心理上就会产生满足感，从而心情就舒畅，安全生产积极性就高。因此，班组长对下级必须坚持不论关系亲疏，不论个人好恶，真正做到"一碗水端平"，有功必奖，有过必罚，功过分明。

③ 以宽容应对冒犯，体现大度，树立威信。在班组安全工作中，班组长面对下级的冒犯，要宽容、大度，以此树立威信。俗话说"将军额上能骑马，宰相肚里能撑船"。班组长做到宽容，首先，要容纳与自己具有不同性格特点的人。其次，要容人之言，特别是容纳持反对意见的人。面对下级的冒犯，班组长要"小事糊涂，大事明察"，该严厉时要严厉，该处理就要果断处理。

因此，在班组安全生产工作中，面对下级的冒犯，班组长要充分发挥聪明才智，把冒犯引发的"危机"转变为处理双方关系的"润滑剂"，既使下级内心和谐，又保证自己顺利行使班组长的领导权力，团结大家一起实现班组安全工作目标。

41. 班组长如何处理下属提出的要求

一般来说，班组长都喜欢听自己的话、尊重自己，而且踏踏实实跟着自己干的下属，但现实却是许多班组长的这些最简单的愿望几乎成为奢望。作为一个班组管理者，应该找准原因，运用恰当的方法来满足下属的合理要求，让下属真正地"懂你"。

（1）同一个目标，同一个声音

在一个班组，班组长要把基本的生产任务和安全目标告诉下属，并且要想方设法使下属与班组目标保持一致，这样班组与员工才能在同一个目标、同一种声音下共同努力工作。为此，班组长要努力做到准确把握下属的需要，科学对待下属的要求。

（2）慎重判断，量力而行

在一个班组中下属在许多方面是依赖自己的直接上级——班组长领导的。班组长给下属下达生产任务、安全指标，分派安全生产任务的同时，下属也在考验班组长的水平和能力，以便使起点省事化，过程简单化，结果满意化，下属会提出各种各样的理由、要求与条件达到自己的任务目标。如果班组长满足下属的合理要求，则会受到下属的支持与拥护；如果满足不了，则会被下属认为班组长不支持自己的工作，也会使下属为自己完不成生产、安全任务而找到借口。

（3）主导需求优先

在一个班组中，不同的下属各自有着不同的要求，他们中许多人总想着"家大业大，浪费点没啥"，总想着多吃、多拿和多占。对于手心手背都是肉的下属，作为班组长，此时更应清醒，这些下属在相互间暗自较劲、对比，同时也在与班组长进行着"暗战"，看出班组长是不是偏听偏信。一旦班组长有偏向和不公正的行为出现，就会点燃矛盾的导火索，下属会提出各种各样难以满足的要求。班组长此时需要借用时间管理中的"轻、重、缓、急"来解决下属的需求问题。班组长要先考虑亟待解决的问题，然后依次逐步解决，不能仅从要求者个人角度考虑，还应从本班组的全局来衡量，防止出现不公现象。

（4）不轻易应承

有一个人，曾在一家企业做到副总经理，因为自己心太软，而且又是热心肠，也比较讲义气，总觉得不能亏欠下属，只要下属提出的要求，一般都会爽快答应，很少会说"不"。即使不在自己职责权限和范围中的事，不管最终能否办得到，他往往也会一口答应下来。可结果呢？虽混了个"好人缘"的评价，却又因为许多应承了下属或别人的事而自己无法办到，落下了一个"大忽悠"的"美名"。这样一来，跟随他的和与他合作的人越来越少，他在职场中的黄金时代也被迫终止。

（5）抢前抓早，晓情喻理

班组长的想法、思路要始终比下属快半拍，同时班组长要养成决策果断、立刻行动的好习惯。在班组安全工作中，下属之所以拥戴和尊敬那些常训斥自己却在关键时刻又能帮助自己的班组长，就是因为他们知道班组长是关注自己的工作、重视自己的。如果下属提出的要求无法满足，那么班组长一定要做到晓之以理、动之以情，向下属讲明原委，让其知道情况，明白自己的要求不能被满足的原因。无论是班组长对下属还是下属对班组长，都需要相互理解，因为在"以人为本"的班组安全生产管理过程中，需要理解、支持和尊重来构建班组的"和谐共赢"。

42. 班组长在安全生产中要善于运用冲突管理

（1）冲突的内涵

提到冲突，人们往往认为是不好的，将冲突与无理取闹、内讧、破坏、暴力等联系起来，认为是班组群体内部出了问题，会影响班组团结，降低工作效率，毁坏班组形象。因此，班组长应当尽量避免冲突。这种看法在过去的管理实践中较为流行，但随着经济社会的发展，这种落后于时代，且不全面的看法需要重新审视。实际上，作为一种客观现象，任何单位、群体都不可能完全避免冲突，因为冲突不一定就是有害的。在一定条件下，冲突也可以转化为一种潜在的有利于班组和群体发展的积极动力。

（2）冲突的肇因

在班组安全工作中，造成冲突的原因有以下几个方面。

一是认知上的差异。每个人受年龄、职务、经历、知识等多方面因素的制约，对同一事物的认识不尽相同。也就是说，人们很难根据客观存在的事实来看待事物，而是更多地依据他们对事物的主观看法来解释它。因此，只要人们的知觉差异存在，冲突就无法避免。

二是沟通上的差异，传播学上有个传话游戏，即来自源点的信息经过大多的传播环节到达某一区间的时候，势必造成大量的信息流失，以致"传真"成了"传假"。同时，职务的高低，获取信息的渠道不同，很容易造成信息品质上的差异。如果再加上个别班组长作风不端正，工作不扎实，操作不民主，高高在上，不愿、不会沟通，难免引起这样那样的误解和冲突。

三是角色上的混淆。角色是指别人对你想当然的期许，每一个人都被赋予许多的角色。但在班组实际安全工作中，或者由于自我定位不准，或者由于授权、受权不到位，班组长很容易专断揽权，副班组长也容易越位蛮干，致使班组员工感到工作不好干，没有得到尊重，找不到施展才华和身手的机会，也会引发冲突。

(3) 冲突管理需要秉持的原则

作为班组安全工作冲突管理的第一责任人，班组长在处理各种冲突时要注意把握四个原则：①积极适度原则；②及时全面原则；③公平公正原则；④以人为本原则。

(4) 冲突管理的方法

冲突的性质不同，管理的策略自然也就不同。具体说，就是要激发良性冲突，化解恶性冲突。

① 激发良性冲突。在班组安全工作中，良性冲突有积极作用。因此，班组长要运用一定技巧诱导、引发良性冲突。其一，鼓励冲突。要激发冲突，就要营造鼓励冲突的氛围，引入良性冲突机制，对那些敢于挑战权威、善于挑刺、勇于创新的人予以鼓励。其二，运用沟通。沟通是激发良性冲突的最好办法。

② 化解恶性冲突。恶性冲突管理关系到一个班组能否科学、健康、可持续发展，班组长必须正确认识、慎重对待。其一，建立预测机制。其二，积极沟通。其三，优化工作流程。其四，组建管理队伍。

43. 当下属抱怨时班组长的对策

抱怨是指下属因对班组长心存不满而说班组长的不足。下属抱怨是班组安全工作中经常遇到的一个问题。班组长对下属的抱怨采取不同的态度和方法，会对下属产生不同的影响。充耳不闻、漠然置之的，下属以为其麻木不仁；怒形于色、大动肝火的，下属以为其心胸狭隘；表面接受、实则应付的，下属以为其官僚虚伪。由此看来，对待下属抱怨的问题，班组长确实不能掉以轻心，而应该高度重视，慎重对待。

（1）善于兼听，全面了解下属抱怨的内容

下属抱怨班组长，虽然常常话不中听，但作为班组长，不仅要听，而且要听全听准。班组长在隐约听到下属抱怨时，就应该积极主动地深入下去，广泛听取其意见，当面感受其不满，倾听其心声。与相关的员工谈心时，要详细了解抱怨的下属的人数、产生抱怨的背景、具体抱怨的内容以及提出的建议和要求。与抱怨的下属进行交流时，班组长要放下架子，平易近人，以征询安全工作意见的口气讲话，要在不温不火、轻轻松松的交谈中摸清情况，缩短彼此距离，融洽感情，切莫过于严肃，更不宜居高临下，盛气凌人地质问，否则，下属便不会袒露真实的心迹。

（2）深入思考，冷静分析下属抱怨的原因

在班组安全生产中班组长听到下属抱怨时，应该静下心来，深入思考、分析导致下属抱怨的根源。班组长要从自身查找原因，看自己能力水平是否适应、思想作风是否扎实、工作方法是否对头。如果自身确实存在问题，班组长要勇于承担责任、深刻反思过错、虚心接受批评。

（3）立即改正，尽量满足下属的合理要求

客观地看，下属在安全工作中对班组长的抱怨不一定都不正确，其中或多或少包含合理的成分。作为班组长，要辩证分析下属抱怨的内容，对那些有利于班组安全发展，有利于员工的利益，也有利于更好地开展班组安全工作的要求，班组长要予以肯定，尽量满足。对于涉及面不广，需要局部修正，又能够立竿见影、速见成效的，班组长要即说即行，尽快改正。

（4）积极疏导，及时矫正下属的认识偏差

下属在安全工作中对班组长有意见，对班组长的一些做法不满意，班组长首先要考虑自身原因，但绝不能因此而忽视下属的问题。有的下属对现实情况了解不多，对事物的发展趋势缺乏科学的估计，以至于常常对某些问题期望值太高，而当这些要求未能满足时，则心生抱怨，甚至责怪班组长的这种抱怨完全是由下属未能正确处理理想与现实的关系而造成的。这就需要班组长观点鲜明、热心诚恳地进行指导和帮助。

44. 下属的消极反应与班组长的应对思路

在班组组织环境中，由于种种原因，不可避免、不同程度地会产生下属对班组长的不满情绪及由此引发的工作中的消极反应。如果班组长不能正确对待和妥善处理，不仅会强化下属对班组长的积怨，激化下属与班组长之间的矛盾，损坏班组长的形象，还会直接影响到班组安全生产工作的正常发展。

如下是几种常见的下属的消极反应的归类与分析，以及班组长的应对方式。

(1) "默不作声，不露形迹"的消极反应与班组长的应对方法

下属对班组长的不满，由于传统内倾文化的惯性，一般不以语言和行为直接表现，大多表现为默不作声，不露形迹，即用沉默这种"高明"的反抗形式，来表达其对班组长的不满情绪和不合作的态度。采取这种方式的下属，一般是性格内向且工于心计、阅历丰富、文化程度较高、自我保护意识很强的人。沉默者的无声攻势，表面上看来不会对班组长产生直接威胁，实质上却隐含着巨大的"爆发能量"。

班组长在安全生产工作中，对下属这种消极反应不能视而不见，要清醒自知，主动创造条件打破沉默状态，进而加以调控和疏导。一是要通过各种途径了解下属沉默的原因，找出症结所在。二是了解下属内心活动的规律和思维方式的个性特征，掌握其利益追求的趋向，以寻找解决问题的突破口。三是要以间接的方式主动表示友好，创造沟通的机会，并做到亲切、平和、真诚、豁达，以有效消除与下属之间可能存在的隔阂、误会等情感障碍或者利益冲突。四是单刀直入，直接对话，直面问题，但切记勿以势压人，勿对下属加以威胁、苛刻，否则只会事与愿违。班组长对下属的这种表现不能急于求成，而要沉稳、有耐心和韧性。

(2) "表面应承，实质敷衍"的消极反应与班组长的应对方法

下属对班组长的不满深藏于心，表面上热情顺从，主动应承，实质上是在敷衍、搪塞。采取这种方式的下属，大多是一些能力有限、个人目的明确，但虚荣心较强的人，也有一些能力较强，但从私利出发，希冀获得班组长的信任与好感的人。这种消极反应由于伪装性强，不易被班组长察觉。虽然这种表现没有明显的骤发危害，但有潜在的、日渐日甚的忧患。因为这样的下属明明对班组长有意见，却仍然称赞不已，明知班组长的安全决策有误、失之偏颇，仍旧"坚决执行，不折不扣"，分明心中对班组长十分不满，工作也消极应对，但表面上对班组长殷勤有加，工作也显得积极主动。班组长如果被这样的下属愚弄而不能自知，结果只能是后患无穷，悔之莫及。

班组长对于下属的这种消极反应要敏于观察，及时发现，妥善应付。一要顾及其虚荣，不当面责备。二要通过一定的方式与其交换意见，并诚恳而直接地征求其意见，以示班组长光明磊落。三要向其暗示，表明自己已知道其做法与用意，并使其知道后果，以形成心理威慑。四要向其示以身教，表明自己对下属正当安全工作建设或意见能予以采纳和支持，以展示班组长实事求是的思想作风。

(3)"牢骚满腹，到处留声"的消极反应与班组长的应对方法

下属对班组长的不满既不无声反抗，也不深藏不露，而是满腹牢骚，到处不负责任地随意传播。采取这种方式的下属，大多是踌躇满志，自以为能力不凡，有怀才不遇、不被重用的怨恨，且天性热衷于议论，喜欢挑毛病、盯缺点的人，这种人往往自我评价过高，有着不切实际的主观需求，又因能力不济，客观现实与主观需求相距甚远，以至于心理失衡。这种消极反应的主要表现方式是制造矛盾，挑拨是非，致使班组涣散，谣言四起，使班组长精神紧张。

对待这样的下属，班组长主要应采用疏通的方法，一要尽量使其有发牢骚的正当场合，使其有宣泄的正常途径。要通过耐心倾听，对其合情合理的"牢骚"内容表示理解、同情和采纳，同时对其偏激、荒谬之言要严肃善意地加以批评引导，然后指明危害。二要使他们有机会参与班组安全决策咨询，征求其意见，赋予其与其能力相宜的责任。对于那些频频发牢骚，寻衅闹事者，绝不迁就姑息，需严厉批评；对屡教不改者，应果断地给予处罚。

(4)"背后搞小动作，暗箭伤人"的消极反应与班组长的应对方法

下属不直接向班组长表示敌意，而是向其他领导和员工散布不利于班组长声誉和人格尊严的言论，造谣中伤。采取这种方法的下属，大多是品质恶劣、心术不正、自私狭隘之人。他们通过"莫须有"的捏造来诋毁班组长，挑拨是非，从而满足自己的私欲，发泄愤懑。这种消极反应危害极大，不仅有损于班组

长的声誉和人格，还会离间班组长与员工的关系，使班组长腹背受敌，防不胜防。

面对这样的下属，考虑到其人格缺损，班组长不要与其发生正面冲突，也不要急于澄清事实，因为有时会越抹越黑。理智的做法是：一要做些力所能及和客观条件允许的防范工作，如主动征求他们的意见，了解他们的工作情况和困难，及时加以帮助等。二要通过适当程度的充满善意的利害关系分析，向其说明背后中伤是一种不道德、不利于团结、不受欢迎的行为。三是要用事实说话，通过自身品行的影响让周围更多的人了解事实真相，了解班组长的人格修养，使背后中伤者的谣言不攻自破。

(5)"直白表现，公开攻击"的消极反应与班组长的应对方法

下属对班组长的不满不加任何掩饰，在员工面前，甚至当着班组长的面，公开攻击班组长。采取这种方式的下属，思想修养和品质并不是决定因素，主要是直率、好发怒、易冲动且自尊心极强等心理、性格因素所致。这种公开攻击行为虽然持续时间较短，但对班组长的精神震动非同寻常。

班组长要解决这种问题，一要防患于未然。事先清楚地了解下属中哪些人具有公开攻击的性格，在什么条件和诱因下易突发公开攻击的行为。在不损害班组利益、不影响安全工作的前提下，尽量和他们保持友好、亲密的关系。二要以静制动。当受到下属攻击时，班组长不能发怒，不能恶语相加，更不能有威胁、报复的暗示，有效的方法是和颜悦色地劝其息怒，下属如果还不能有效克制，班组长要以平静的心态，耐心听下去，让其充分发泄，自行停止攻击。三要正确处理。事情发生后，班组长必须消除下属公开攻击造成的不良影响，对下属的错误不能姑息。也不能满足下属的不合理要求，要通过谈话等方式让下属意识到自己行为的错误及影响，以利于其改正。

班组长对下属消极反应的应对毕竟是被动的，要减少或避免下属的不满以及引发的消极反应，注重自身素养、管理水平提高和领导艺术升华才是长久之计。

45. 班组长帮教转化"个别人"之策

在一个班组，所谓"个别人"，一般是指个别经常违反纪律和规定，不服从管理，思想和行动具有明显缺点和缺陷的人。

（1）摸清底数懂人心，让"个别人"的心思无所保留

不难发现，一些班组长往往是在缺乏全面调查了解和深入细致分析，没有真正摸清"个别人"思想症结的基础上，搞"一刀切""一锅煮"，盲目地进行安全工作，把安全思想教育仅仅停留在"普遍要求，一般号召"的统一指令和"头痛医头，脚痛医脚"的事后作为上，这样往往会造成"把错脉，开错药"的现象，致使安全教育转化工作陷入被动局面。要体现"个别人"安全教育转化工作的针对性，就是要求班组长把"弄清问题，查明原因"作为开展这项工作的前提和基础，区分层次，摸清"底数"，使安全教育转化工作更加贴近"个别人"的思想实际。摸清"底数"，包括此人进入本班组之前的自然情况、思想情况和表现情况，以及进入本班组之后的一贯表现和交往的人员情况等，从而做到"一把钥匙开一把锁"。摸清"底数"的方法和途径多种多样，其中有两种方法既简单又管用。一是聊天谈心法。其特点是不受时间、地点的限制，环境宽松，气氛融洽，容易掌握对方的真实情况。需要注意的是，要提前做好充分准备，包括从何处切入，通过交谈需要摸清哪些情况等。二是思想骨干法。就是在班组挑选一些群众基础好的员工担任安全思想骨干，并经常向他们交任务、教方法，通过了解"个别人"不愿向班组长讲的情况，并据此研究解决的最佳办法。

（2）设定目标励人心，让"个别人"的进步得到激励

人的行为具有一定指向性，这种具有一定指向性的，为了达到一定目的的行为，往往都是为了满足自身的某种需要而进行的，这就是一种目标激励的过程。班组长可运用目标激励的方法，遵循"跳一跳摘桃子"的原则，激励个别人的安全生产动机和进步冲动，引导他们主动抓住来之不易的机会。在班组安全工作中确定明确且合理可行的目标，鼓励他们提出与这一目标有关的各种积极的意见，培养他们实现安全目标的自信心。

（3）端正态度暖人心，让"个别人"的价值得到尊重

按照心理学的解释，态度是主体对对象反映的一种具有内在结构的稳定的心理准备状况，它对人的反应具有指导性和动力性的影响，形成人们一定的行为倾向。所以，要做好"个别人"的转化工作，班组长首先要端正对"个别人"的根本态度。这里所说的根本态度，就是要充分尊重他们的人格，防止出现"首因效应",因为他们给人的第一印象往往都不太好。

(4) 真诚实意感人心,让"个别人"的自觉意识得到启发

在人际交往过程中,感情的接触和交流是打开心灵的钥匙。班组长的情感因素在"个别人"的安全教育转化中起着越来越大的作用,班组长与"个别人"建立一种相互尊重、相互理解、相互信任的和谐的上下级关系,靠自身的人格力量来感召"个别人",使其心服口服,是新形势下班组长应该追求的一种安全思想工作境界。班组长对待"个别人"一定要有爱心,不能因为他们给班组安全管理工作增加了难度就另眼相看,要做到政治上爱护、思想上沟通、感情上亲近、生活上关心,切不可放任不管,更不能疏远、歧视、挖苦、讽刺。一是要营造良好的情境。二是要提高认识的层次。三是要解决好实际问题。"春风化雨,润物无声",班组长只要以心换心、以情动情、平等交流、换位思考,才能触及"个别人"的心理,进一步拉近彼此的距离,才能产生巨大的感染力,达到与"个别人"的情感交融、心理沟通,从而使他们热爱本职、热爱班组。如此,安全教育转化工作才能收到较好的效果。

(5) 常抓不懈留人心,让"个别人"的思想顽疾得到根治

冰冻三尺,非一日之寒。"个别人"之所以成为"个别",并非旦夕所致。同样道理,对"个别人"的安全教育和转化工作也是一个长期、细致、耐心的过程。"个别人"在进步的过程中常常会出现反复,这是一个合乎规律的正常现象。因此,当"个别人"出现反复时,班组长一定要正确对待,做到不急躁、不厌弃、不灰心,要深入了解和分析他们反复的原因,有针对性地、耐心细致地反复做好帮教工作。一是要掌握"个别人"的心理是一个动态过程。二是转化工作要有不怕反复的准备。三是要及时总结"个别人"转化中的阶段性成果。"个别人"的转化过程是一个长期的、艰辛的、具有创新性和挑战性的动态发展过程,班组长需要理性地、分阶段地总结和分析其转化过程中出现的成绩和不足,并进行相应的改进与调整。

总之,对于问题集中的"个别人"的转化工作,要有持之以恒、百折不挠的精神,这样才能使"个别人"真正经得起考验,从根本上解决思想顽疾,从而确保转化工作的长效性。

第二章
新任班组长安全工作之法

　　新任班组长大多都有这样一种特点：新官上任满腔热血，工作热情高，肯吃苦也能干，知道班组长是企业一线安全生产的组织者、指挥者和参与者，班组长的"状态"好不好，直接影响着企业的安全生产。

　　在本章共给出25个方法，来论述新任班组长安全工作之法。其中有如何对待前任的工作，尽快做好自己不熟悉的工作，安全工作拍板"三忌"，如何在复杂环境中打开安全工作局面，新任班组长如何把自己融入员工中，新任班组长提高安全素养要处理的关系以及新任班组长安全工作中的艺术等。

　　新任班组长如何待人是衡量其人品、官德的一面镜子，也是其能否缩短与下属的心理距离，赢得下属信赖与支持的重要因素。对新任班组长而言，不只是其自身的职务、地位和责任的变化需要其在为人处世方面提升到一个新的境界，而且其下属、工作对象也会对其提出更高的要求，从这个意义上讲，如何为人，是班组长上任之初应考虑的首要问题。

　　在本章中就新任班组长安全工作之法，主要阐述如下：

　　一是要增强事业心、责任感。一个事业心、责任感强的人，为人处世会从有利于事业发展的角度来考虑，而很少考虑私人情感和一己之私利。如此，就会有一颗宽厚的容人之心。

　　二是要胸怀全局。作为班组长，都要主持一个班组的全盘工作，要使自己所领导的班组高效率、高效益地运转，必须正确地处理与各种人才的关系。站在全班组角度考虑问题，其为人处世方式会更超脱，不会去计较一时一事。

　　三是要辩证地看问题。只有辩证地看人，才能把人看得更加全面准确，才能摒弃个人的好恶，更加理智地待人和用人。

　　新任班组长职务变了、权力大了、责任重了，面对新职务、新任务，特别需要"三个更需"，只有把这"三个更需"落到了实处，才能使各项工作任务落到实处。因为企业中所有的事，都是依靠人来完成的，所谓"以人为本"说的就是这个道理。人是有思想、有感情的理性动物，人的工作做到位了，班组的一切工作就有了可靠的保障，新任班组长抓住了"人"这根主线，以"三个更需"去统领工作，那么，企业的发展就有了坚实的基础。

46. 新任班组长要正确对待前任

正确对待前任，是一个常议常新的现实话题。因为企业各班组领导班子的调整、变化，新老班组长的交替总是在不断进行中。一般来说，新任班组长要注意把握好以下几个问题。

(1) 真诚尊重前任、虚心学习其长

新任班组长对前任班组长一定要真心诚意地尊重，并虚心向其请教。尽管现在在安全生产工作中可以同他平等协商，或者是成了他的上级，可以对他安排工作、布置任务了，但不能因为工作关系的变化立即"变脸"。新任班组长要注意向前任学习，学习业务，学习安全工作方法，学习安全生产经验，借鉴和吸收所有的优点和长处，以此充实和完善自己，这样才有助于自己不断提高和进步。

(2) 充分肯定成绩，慎重评价问题

首先，在安全生产中要充分肯定前任的成绩。这不只是评价前任个人的成败得失问题，而且是关系到一个班组广大职工的思想情绪问题。充分肯定前任在安全工作中的成绩，不但表明新任班组长真诚感谢前任打下的良好基础，也肯定了广大职工的努力，这样就会得到离任班组长和班组广大职工的支持和尊重。其次，要慎重评价前任的安全问题。对前任在安全生产中的问题的评价要本着实事求是的态度，既不能视而不见或者有意掩饰，也不能随便夸大、过分渲染，不负责任地乱说乱议，横加指责。

(3) 旧事情要处理，老人员要使用

目前，有少数班组长恪守"新官不理旧事"的信条，对历史遗留问题或前任留下的棘手问题不管不问，或借故推脱。这是一种不负责任的表现，结果使得一些班组的"老大难"安全问题长期得不到解决。还有人搞"一朝天子一朝臣"，把"要用自己人，人要自己用"作为为官之道。于是上任不久，就开始"大换血"，特别是对班组"八大员"更是必换不可。结果新官上任之初，便是下属新一轮骚动的开始。这个问题在一些企业的班组非常突出，对企业和职工造成了严重危害，要坚决防止和克服。

(4) 稳定中求发展，继承中求创新

一般来说，新任班组长走上领导岗位后，首先要考虑的是如何保持稳定的问题。对班组原来既定的安全工作规划，只要有利于企业发展和生产顺利进行，如果没有特殊原因就应坚持下去，并努力抓出成效来，以稳定人心、稳定局势，保持安全工作的连续性。然后，再根据情况和形势的变化，逐步调整改进、完善提高，推进安全生产不断向前发展。在有的企业班组，班组长变了政策就变，凡是前任说的话、表的态都不算数，凡是前任班组长决定的事项都得再议，这样会使班组职工对其产生不信任感。

47. 新任班组长怎样做好自己不熟悉的安全工作

新任班组长、新的领导岗位、新的领导领域，安全生产工作遇到的新情况和新问题，都为新任班组长所不熟悉。这种"不熟悉"，主要涉及新任班组长安全工作中三个方面，即安全工作环境、安全工作对象和安全工作内容。这些"不熟悉"的存在，常使新任班组长遇到该决定的事不能适时决定，该一人决定的安全问题还要推给集体去反复研究，或者推到车间那里"等待表态"，或者下卸到下属那里，让其"充分发表意见"，由此而造成安全工作效率低下或贻误时机的情况屡见不鲜。那么，如何做好自己不熟悉的安全工作呢？

(1) 从书本上学

就是要读书和学文件，新任班组长领导境界的提高仅靠自己纯朴的感情是远远不够的。世界上的事物，常常是感觉到了的却不能够立即理解它，只有理解了的才能够深刻地认识它、把握它。实践证明，读安全图书，学安全文件是提高班组长安全管理水平的一条最为有效的途径。对于面临"不熟悉"安全工作的新任班组长来说，强调有针对性地读书、学文件，做到有的放矢，尤为重要。为了能够使自己的安全思想同时代合拍，新任班组长尤其要注意学习生产岗位相关领域的安全生产新思想、新观点、新理论。

(2) 在实践中干

实践性是安全工作的一个重要特征。安全工作中的"不熟悉"，只有通过干才能熟悉。好多安全生产的事情不是学习好了再干，而是在干中学习。岸上学游泳，学上一千遍，动作要领背得再熟，若不到水中一试就等于没学。古人说："纸上得来终觉浅，绝知此事要躬行。"怎么干，首先是要围绕自己班组的安全工作对象，安全工作内容和所处的安全工作环境进行深入的调查研究，以便查准问题、摸清情况。在此基础上，对于那些应该进行的安全工作要迅速做出决策；对于那些应该搞而一时还有疑虑的事情，或做进一步的调查论证，或先行试点都可以；对于那些应该做而一时还不具备条件做的事情，要创造条件尽快地去实施。

（3）请上级指点

上级或是组织或是个人，有了这个"上"字，一般而言就决定了他们站得高，看得远。有的上级可能就是现任岗位的前任，是此工作岗位上的优秀者。基于此，新任班组长应该主动地去向他们请教。请教的过程是一个形成共识的过程，同时也是提高自己的过程。在这个过程中，新任班组长不仅能够从中获取安全工作智慧和力量，而且还能够增强自己的安全工作号召力，进而促进班组安全生产顺利开展。需要强调的是，此种请教仅限于那些自己眼下不懂和留存疑虑的安全问题，是请教而不是塞责，否则上级就容易生厌。

（4）向下属求教

新任班组长自己不熟悉的东西，下属不一定不熟悉。虽然新任班组长的岗位发生了变化，但其所领导的下属从事的仍为"老本行"。下属是班组长所从事安全工作事业的实践群体，因而下属在安全工作中最有发言权。由于新任班组长工作岗位的特殊性，其表现个性的机会多，因此下属对他们的了解比让上级对下属了解要容易得多。在这种情况下，新任班组长的最佳选择不是搞"唯我高明"那一套，而是要以礼贤下士的态度，虚心地向自己的下属求教。向下属求教，一要尊重他们的人格，二要倾听他们的意见。

（5）向同岗取经

向同岗取经有横纵两个方向：一是向兄弟企业的同岗位班组长取经，叫横向取经；二是向自己的前任取经，叫纵向取经。前者是要吸取现实的安全生产经验，后者是要吸取历史的安全生产经验。因为在吸取他人安全生产经验的同时，必然也会看到或吸取他人的教训。前任和兄弟单位的安全生产经验教训，都具有重要的意义和作用。新任班组长的事业是前任事业的继续和发展，借鉴前任的经验和教训是明智之举，高明的新任班组长往往如此。

总之，从书本上学，在实践中干，请上级指点，向下属请教，向同岗取经诸条，在班组安全生产实践中虽没有先后顺序的排列，但彼此之间相互关联。其中，核心的一条是在实践中干，其他几条都是为此服务的，旨在保证能够在班组安全生产实践中干得更自觉、更有成效。

48. "新官"怎样理"旧账"

"新官"即新任班组长，"旧账"指遗留问题。作为一名新任班组长，如何对待和解决班组的遗留安全问题，不仅关系到班组事业的发展，也影响到个人威信的树立。笔者认为，应注意解决好以下五个方面的问题。

(1) 要把情况搞清楚

弄清情况是解决安全问题的前提。作为新任班组长，上任后遇到的第一个困难就是情况不熟悉。特别是一些遗留安全问题，一般来说，情况都比较复杂，有的甚至牵扯到方方面面的一些关系。虽说前任班组长在交接工作时也作了介绍，有的成员主动反映过一些情况，但仅凭这些是不足以拿出解决办法的，而必须做深入细致的调查了解。在此要特别注意两点：一是多方面了解情况，不能只听个别人的意见。必要时要尽量多听有关当事人、知情人的看法，防止以偏概全。二是要善于分析，对所了解的情况进行思考、判断、比较，通过分析得出正确的结论，确定解决问题的思路。

(2) 要把突破口选准

班组任何遗留安全问题的解决，都有个主客观相统一的问题。从科学的角度讲，也有个循序渐进的过程，不可能把所有的遗留安全问题一下子全部解决，为此必须把突破口选准。可以把握这样几条原则：一是从最容易解决的安全问题入手。二是从职工反映较大的安全问题入手。三是从最急需解决的安全问题入手。当然，对以上三个原则要全盘考虑、灵活运用，不能片面理解。

（3）要运用新方法

用新方法解决安全问题，是新时期对企业班组长创新性开展安全工作的基本要求，解决班组遗留安全问题也是如此。如果运用老办法总是解决不了，作为新任班组长就要考虑是否有新的办法。一是要善于跳出思维定式的老框框，换一个角度想问题。二是要敢于否定那些过时的、不妥当的做法。三是善于运用法律手段和组织纪律解决遗留安全问题。不能用"土政策"代替安全生产法规，不能用"私了"代替"公了"。

（4）要依靠集体的力量

遗留安全问题往往受到方方面面因素的制约，特别是有些安全问题之所以迟迟得不到解决，也往往与班组领导成员不是同一个声音有关。对此，作为新任班组长一定要谨慎从事，千万不可单枪匹马去处理遗留安全问题。一是靠大家出主意，让大家献计献策；二是安全工作靠大家一起去做。靠大家做，一来可以促进遗留安全问题的解决，因为要解决遗留安全问题不是个人的事情，而是整个班组集体的决定；二来也有利于发挥和调动多方面的安全生产积极性，有利于树立新任班组长的威信。

（5）要有抓到底的精神

班组遗留安全问题的解决耗时又费力。作为新任班组长，对待遗留安全问题的态度应是不解决则已，要解决就必须有一抓到底的精神，绝不能半途而废。在动手解决之前，要把各方面的情况，尤其是在解决的过程中可能出现的问题、矛盾估计足，把对策想周全，以应付各种情况的出现。

49. 新任班组长当走好"七步"

作为一名新任班组长，如何适应从普通职工到领导的角色转换，尽快适应新环境，给班组成员留下良好印象，少走弯路，为今后的工作打下良好基础，笔者认为要注意走好以下几步。

第一步，尽快适应班组制度。班组是一个高度集中的生产经营团体，规章制度是各个企业各个班组的共同规范。而且每个班组还有不成文的规矩和群体规范，向这些约定俗成的东西挑战是得不偿失的，何况新任班组长初来乍到，要学会适应它。

第二步，不要盲目地发表意见。茶余饭后，同事间会互相聊聊天。对此，不可不信，也不能全信，而要仔细倾听、认真琢磨，特别是那些关于安全生产的事情，要运用自己的智慧，判断哪些是可信的，哪些是无稽之谈。盲目发表意见，说不定会出现错误的判断。初来乍到，不了解情况，要尽量避免冒犯老资格的同事，以免影响团结。

第三步，不要总是揽事在身。积极主动地开展班组工作是应提倡的，但是更重要的还是做好自己职责范围内的事情。否则，手头抓一大堆不该管的事，结果一件也没做好，反而把自己职责内的工作耽误了。

第四步，不要忽视小节。很多人不注意自己的小节，以为这无伤大雅。恰恰相反，一个不注意小节的人，是很难获得别人的尊重和事业的成功的。比如，着装言谈举止都是一个人素质的体现。

第五步，允许自己有失误。不要追求所谓的完美，没有从来就不犯错误的人，特别是在班组安全工作中，失误也不是事业的终结。纠正错误，吸取教训，不要让失误泯灭自信。

第六步，关心下属。假如新任班组长希望上级、领导关心自己，那么共同工作、朝夕相处的工友也更需要班组长的关心。班组长关心了他们、爱护了他们，尤其关心了他们的成长，就会得到他们的真诚支持。有了他们的真诚支持，还有什么任务完不成的呢？

第七步，养成良好的学习习惯。良好的学习习惯将会受益终生。要记住，院校学的那点知识是远远不够用的，无论学历多高、知识多丰厚，如果不注意学习积累，很快就会落伍。只有充分利用职务低、事务相对少的优势，加强知识的储备，才能不断进步，不断丰富自己，为今后胜任更高职务打下牢固的知识基础。

50. 接手散班组的新任班组长如何开展安全工作

如果一个企业的班组散乱无序，不但有损企业组织在该班组的形象，而且还会严重影响正常生产经营工作。要治理好散班组，重要的是找准原因，然后对症下药。新任班组长接手散班组要从以下四个方面着手开展安全生产工作。

(1) 严格要求自己，充分发挥自身表率作用

散班组之所以"散"，大多与班组长对自己要求不严格有关。有的班组长对上级的安全工作决定置若罔闻，办事我行我素，甚至把敢于与上级对着干视为自己有能力有本事；有的不严格执行党和国家的安全生产方针、政策、法律、法规，作风专断，搞一言堂，听不进不同意见；有的放松安全生产知识的学习，思想僵化，作风漂浮。因此，新任班组长要治理好散班组，对自己一定要严格要求，充分发挥表率作用。

(2) 及时制定安全生产目标，努力吸引班组成员的注意力

有的班组之所以散乱，与班组安全工作目标不明确，安全工作标准不高有很大关系。因安全工作目标不明确，安全工作标准不高，责任、权利和义务没有到位，班组成员会出现精神萎靡不振的现象。如果一个班组在安全工作上"一手买粑粑，两手买粽子"，做不出几件看得见、摸得着、使班组获得发展、让职工得到实惠的事情，不但会在职工中丧失威信，而且班组内部也会丧失凝聚力。新任班组长上任之初，一定要在调查研究的基础上，及时制定明确的安全工作目标，使班组成员有事可干，有业可创，以充实的安全生产工作调动班组成员的积极性，以稳定的事业凝聚班组成员的心，以优良的业绩吸引班组成员的注意力，形成人人有事可干，人人争着干事的局面。

(3) 大力加强安全教育，切实提高班组成员的素质

对班组成员进行安全教育管理，是新任班组长的重要工作职责。对班组成员进行安全教育，要讲究科学的方法，做到"春风化雨，润物无声"。一是要始终把对班组成员的安全教育工作放在首位，注意了解和分析班组成员的安全思想和安全工作状况，进行有针对性的安全教育。二是主动关心爱护、帮助班组成员克服安全思想上和工作中的不足。三是健全并坚持各项安全生产规章制度，用制度管理人。新任班组长要解决班组散乱问题，一方面要建立健全原班组安全生产制度，另一方面要坚决有力地执行各项安全生产制度，这样才能保证班组有序地开展各项安全工作，同时也有助于加强班组成员的自我监督。

（4）努力搞好协调，妥善化解班组内部的矛盾

散班组之所以"散"，另一个重要原因是班组成员之间矛盾重重、积怨较深，有的甚至出现严重的帮派现象。这些矛盾的产生除了上面讲的部分班组成员思想素质不高的原因外，还与班组成员之间的性格、气质、经历差异较大，以及分工不太合理、利益分配不够公平、工作方法过于简单有很大关系。加上原来的班组长可能回避矛盾，没有及时做好疏导和化解工作，于是班组成员之间就出现了看不见的裂痕，各打小算盘，并在班组中拉帮结派，各自经营一块小天地，当安全生产中出现了问题，与自己有直接关系的，拼命地找客观原因推诿，不愿承担责任，与自己没有直接关系的，则把自己看作是局外人，甚至幸灾乐祸。至于克服缺点，纠正问题则更是"事不关己，高高挂起"，结果老问题解决不了，新问题不断增加。

总之，在处理矛盾时要遵循以下几个方面的原则：一是让事实说话的原则；二是公平公正的原则；三是群众公论的原则；四是问题尽量不上交的原则。当然，若有的矛盾新任班组长尽了最大的努力也无法调解，并且严重影响到班组整体安全功能的发挥时，应实事求是地向上级反映，由上级出面干预调停，或者对班组有关成员做适当的调整。

51. 新任班组长安全工作"拍板"三忌

新任班组长，一般来说均年纪轻、资历浅，就民主作风而言，短时间内一般不容易出现"一言堂""家长制"的问题。而值得注意的是，在充分发扬民主的基础上，如何正确搞好集中的问题，特别是在班组安全生产工作中"拍板"有三忌。

(1) 一要有个人主见，忌人云亦云

当主官不能主观，但必须要有自己的主见，不能"墙头草，随风倒"。有这样一个新任班组长，在处理一起未遂事故中，班组多数领导认为，发生这起未遂事故纯属偶然现象，且肇事者是一位多年的安全生产先进工作者，是否能网开一面，做一次特殊的宽大处理。该新任班组长感到多数同志的意见虽然有一定的道理，但还是从本班组安全工作角度考虑的"小道理"，对未遂事故的处理和已发事故的处理标准一样是企业安全生产管理制度规定的"大道理"，"小道理"应该服从"大道理"。该新任班组长始终坚持在安全制度面前人人平等的原则，并反复用企业的安全规定来统一大家的认识，最后班组领导班子一致同意对未遂事故责任者予以处分，处理结果上报后，车间和企业认为处理得合理。

(2) 二要敢于拍板决断，忌优柔寡断

在班组安全建设中，决策重大安全问题时，广泛发扬民主是必需的，但不能反复议个没完，也不能因某个人坚持不同意见而非要完全统一不可。作为班组长要掌握时机，权衡利弊，分清主次，果断决策。凡是能在会上立即决断的，不要拖到下次会议；凡是今天能拍板的，不再拖到明天。比如研究年终安全生产专项奖励是件伤脑筋的难题，常常是你说名额少，他嫌等级低，争来争去，议而不决。为了避免这类问题发生，在上会讨论前，新任班组长可提出确定安全生产专项奖励"不突破比例、不平均摊派、不降低标准"的三条原则，让大家对奖励方案充分发表意见。在具体讨论中，该定则定，该否则否，一次拍板定案，从而防止了会后有人找、下次会上再扯皮的现象。

(3) 三要善于博采众长，忌简单集中

一般来说，新任班组长阅历较浅，经验不足，在安全生产工作中集中意见时，容易出现简单从事、草率拍板的现象。笔者认为，新任班组长的民主作风不仅表现在形式上尊重其他同志的意见，更重要的是体现在安全工作决策中集思广益，博采众长。因此，在安全工作决策时，要把握这样几个环节：一是当讨论中没有分歧意见时，不搞简单集中，注意多问几个为什么，启发大家思考，尽量把问题想得更周到一点。二是当意见分歧较大时，不急于发表倾向性意见，注意引导大家充分说理，深入讨论，力求统一认识。三是当少数人意见正确，但尚未被多数人接受时，注意加强引导，经过反复酝酿后再做决定。四是当个别人意见不正确时，不轻易否定，一定要让人把话讲完，在不同意见的争论中，相互启发和补充，达到统一思想、正确决策的目的。在安全工作决策时酝酿讨论比较充分，这样，既保证了安全工作决策的正确性，又使班组全员心情舒畅。

52. 新任班组长应善做安全生产承诺

新班组长上任之初，可谓重任在肩，众人瞩目，不仅其如何做众人拭目以待，而且其如何说也同样令人关注。因此新任班组长在履新时适时、适度地做出某种承诺，特别是安全生产的承诺，对于满足班组职工的心理期待，凝聚人心，协调步调，都是非常重要的。

(1) 既要有真情实感，又要有理性深度

新任班组长的安全生产承诺要想凝聚民心，打动职工，首先要有真挚的情感。一个事业心和责任感强的人，每接受组织上安排的一项工作，就会像冲浪运动员面对大海、登山健将面对高山一样，从心底涌起一种激情，一种向惊涛骇浪、荆棘险阻挑战的欲望。那么他的承诺必定有一股发自心底的情感，这种情感，来自对安全生产的忠诚和职工生命健康的关心。但同时，安全生产承诺又不能是一时的感情冲动，而必须是对所面对的班组新工作做出的理性思考。

(2) 既要源于实际，又要高于实际

要充分发挥安全生产承诺的凝聚和激励作用，承诺就必须有实现的可能，否则就等于自找难堪。但同时安全生产承诺又要略高于实际，否则就会失去应有的安全激励作用。安全生产承诺要做到既符合实际、又高于实际，最为重要的是必须对班组实际安全工作情况进行深入的调查研究，并且要有超人的胆识和洞察力、预见力作基础。

(3) 既要尊重组织意图，又要顺应职工愿望

企业对每个新任班组长的安排，都有慎重考虑，因而新任班组长在任前谈话时，一定要认真听取上级领导的意见，考虑自己该做什么，做出合适的安全生产承诺，再在安全工作中制定相应的措施，加以贯彻实施。但当组织意图与实际情况或职工的愿望有出入或偏差时，不能只顾上不顾下，而要及时向上级说明情况，在尊重组织意图的同时，也要充分考虑职工的意愿，通过自己的创造性工作，力争使二者最大限度地统一起来。唯有这样，自己所做的安全生产承诺才具有可行性，才能真正赢得广大职工的信任和支持，才能把安全生产工作不断向前推进。

（4）既要有的放矢，又要思路开阔

新任班组长在上任的不同环节，安全生产承诺的对象是不断变化的，所以在承诺时，一定要针对不同的对象、不同的场合来选择安全生产承诺内容的重点和语言表达方式。例如对上级领导安全生产承诺时，可将自觉接受上级监督、检查、指导等内容作为承诺的重点；对本班组的职工安全生产承诺时，可将安全工作目标和个人为人处世的态度作为重点。在注意有的放矢的同时，又不为安全生产承诺对象所困，思路要开阔，表达要充分，要让承诺对象对新任班组长的素质、能力、品质、作风等有比较全面和充分的估量，营造一种信任、支持的氛围。

53. 新任班组长安全工作中怎样扬长避短

新任班组长综合素质普遍较高，优点和长处显而易见，但是缺陷和弱点也比较多，怎样在安全工作中扬长避短，笔者根据自己的观察和体验，提出几点建议，希望对新任班组长开展安全工作有所帮助。

（1）明确角色，找准位置

新任班组长走上班组领导岗位，一般是在特定政策推动下经过一定程序"推"上去的，在安全工作经验、能力和对职工的影响力方面还不够成熟。初上班组领导岗位，难免要经历一个磨合期。磨合期的主要任务是：在安全生产工作方面，由一知半解成为行家里手；在安全领导技能方面完成从书本上的眼过千遍到实践中的手过一遍。此时处理安全问题，要多了解实际情况，多听取他人意见，多向车间领导、同事沟通请教，"勤"字当头特别重要，这是其一。

其二，要积极稳妥地处理好职责范围内的各项安全工作，不轻易上交矛盾。其三，新任班组长要充分发挥知识层次较高、思想比较活跃、敢想敢干的优势，在调研、决策和宣传等方面争取有所创新，给班组领导班子注入新的活力。

(2) 学会授权，知人善任

人都有缺点或弱点，研究职工的长处是为了人尽其才；研究其弱点，也是为了人尽其才。新任班组长的职责是出主意，用好职工。有了好主意，用合适的人去执行安全任务才行；用人不当，好主意也会变成坏主意。高明的班组长总是把因事择人与因人设事结合得很好，力求让每一个职工都成为安全生产的英雄和功臣。要通过观察和试用，掌握职工的特点，把谁有安全技术、谁会带兵、谁搞安全宣传有特长等了解清楚，为班组安全工作用人打下坚实的基础。

(3) 切忌急功近利、目光短浅

新任班组长建功立业的愿望尤为迫切。然而，班组安全工作的一大特点就是安全工作决策和执行常随企业大局需要而随时变通，往往难以取得决策时预期的客观效果。有的安全工作决策的执行，即使中途没有意想不到的困难和阻碍，仍然需要比较长的过程，非短期可以奏效。因此，作为刚上任的新任班组长，要保持平稳心态，在前任安全工作的基础上本着一任接着一任干，认真负责的精神，追求整体效果和长远效果。任何急躁情绪对整个班组的安全生产事业和班组长自身都有害无益。

(4) 因地制宜、求实应变

新任班组长大多是青年，思想受旧体制、老框架束缚较少。他们崇尚理性、追求先进、打破老框架、建立新秩序的愿望比较强烈。但是，班组的安全文化落后，安全信息闭塞，职工的思想解放程度、观念更新程度自然比较低。对此，年轻和新任班组长往往估计不足，在最初的几次碰撞中，总是不甘心把自己的安全工作理想标准降低一些，以适应班组安全工作现实，而是试图坚持自己的标准使环境有所改变。应该明白，要改造班组，首先必须适应班组，如果不与班组融合，改造班组就无从谈起。所以，新任班组长要从实际出发，根据班组的特点因地制宜，采取机动灵活的安全工作措施，循序渐进。

54. 新任班组长怎样使下属乐于接纳自己

一个新任班组长，只有使下属乐于接纳自己，乐于接受自己的情感、态度和观点，心悦诚服地听从自己的指挥，才能使班组安全工作得以顺利开展。对一个新任班组长来说，要使下属乐于接纳自己，需要做到以下几个方面。

(1) 善于交往，使人觉得可以为伴

增进班组职工对自己的了解是增强新任班组长个人魅力的前提。因此，新任班组长必须经常与职工交流安全工作情感，交换对安全工作的态度和看法。在交往中，要向职工显示出"我乐于与你为友""我是真诚地喜欢你"等态度；要恰当地向职工展示自己的安全知识、才能以及职工相同或相似的生活行为方式，使职工消除对自己的神秘感而真心地敬佩和亲近自己；要注意自己言行的细节，比如，一个不经意的微笑，一句温馨的话语等，都可以有效地拉近与他人的心理距离，促使职工从心理上接纳自己。

(2) 入乡随俗，使人觉得可以为伍

面对不同的对象，新任班组长要入乡随俗。面对本班组的习俗、生活和安全生产思维习惯，就得具有职工般的朴实和勤劳；在现代企业，面对视野较为开阔、独立精神较强的职工，新任班组长必须充分尊重下属的主人翁精神，体谅下属的辛劳与苦衷。

(3) 言行得体，使人觉得可以悦情

给人美感，使人体验到美的享受，是新任班组长人格魅力的升华。在这方面，新任班组长应区分场合，合理强化自己不同的角色意识。正式场合下要"像个领导"，办事果断，安全责任心强，安全思路清晰，目光深远，顾全大局，坚持原则；非正式场合下，要"像个职工"，平易近人，不摆官架，不打官腔、善于倾听，灵活处事。能将安全工作与生活严格区分开来是新任班组长的一项基本功，也是新任班组长的言行给人以美感的客观要求。若非如此，新任班组长在领导行为中带有生活中的随意，便会使职工认为新任班组长将工作当儿戏；在生活中带有领导活动中的严肃，则会使职工觉得新任班组长有意摆谱、令人生厌。

（4）学会先赞扬，使人觉得可为知音

人各有长短，每个人最欣赏的是自己的优点，班组的安全生产工作最需要的是最大限度地发挥每个人的优点。多看别人的优点，善于发现别人的优点，并真诚地赞扬别人的优点，对一个新任班组长来说有时可能是违心的。但不这样不仅会使其错过很多帮助下属扬长避短的机会，同时也会无意中加剧领导者与职工之间的隔阂。优秀的新任班组长会赞美，给人们以成功的喜悦，用赞扬消除人们艰苦劳动后的疲惫，用赞扬激发职工对安全工作成败得失的反思，进而靠赞扬树立起自己的威信，也使别人乐于接纳自己。

（5）公道正派，使人觉得可信赖

新任班组长良好的政治、思想、道德修养和良好的安全工作作风是使别人乐于接纳自己的基石。新任班组长应提高这方面的自觉性，将自己的安全生产行为置于职工的监督之下，以正直、善良、高尚的品质去面对职工，敢于承担责任，增强排难解忧的能力，关键时刻敢说硬话，危急时刻能力挽狂澜，使职工有困难、有情绪需要帮助时首先想到班组长，愿意依靠班组长。

55. 新任班组长安全工作开局须有势

好的开始是成功的一半。新任班组长安全工作开局很重要。开局须有势，势从何来？

（1）顺势

新任班组长都希望在安全工作中有所建树，急于"烧三把火"。而仅凭热情、凭主观愿望不够。情况明，方可决心大，"下塘"应当考虑如何"上岸"。新任班组长必须顺应新的形势，适应新的局面。一是要顺天时之势，从发展态势上把握。二是要顺地理之势，从安全工作的客观基础上把握。三是要顺人和之势，从大多数职工的意愿上把握。但是，这里讲的顺势，是讲自然之势，优势之势，明白之势，而不是随波逐流，为了迎合而迁就。顺势要把握好度，关键在于如何扬弃。

（2）借势

在现代社会，必须学会借势。特别是新任班组长，对班组安全工作不太熟悉，举步维艰，开局不易，要学会寻求帮助。一要借职工安全期望之势，靠"众人划桨开大船"。二是借高压之势。新到任，安全生产重压在肩，应当趁势而上，变压力为动力，排除一切干扰，全身心投入安全工作中去。三要借新颖之势、趁热打铁。新面孔的优势在于有新鲜感，有因不了解而产生的神秘的一面。新任班组长到任之后，要充分展示自己全新的一面，勇于开拓，使职工有新的感觉，激发新的安全生产工作欲望，产生新的动力，步入新的天地。

（3）造势

安全工作开局之初，还要善于造势。一要造旺势。二要造新势。三要造和势。四要造声势。要尽快让更多的人有机会熟悉这副新面孔，尽可能多地把安全工作主张告诉职工。通过宣传安全工作主张来让职工了解、适应。让职工通过"事"，认识"形"，熟悉"神"，架起沟通的桥梁。但切忌好出风头，搞形式主义，哗众取宠。

（4）仗势

"好风凭借力，送我上青云"。有倚仗，才有精神支持，才有信心。一是倚仗后盾之势。在正常情况下，新任班组长都是车间或企业安排的，这是组织上的信任。这种信任是可以倚仗的。二是倚仗责任之势。担任了班组长，就意味着有责任，特别是安全生产的责任。要充分履行职责，大胆领导，放手工作，不可畏首畏尾，瞻前顾后，否则就有失责之嫌。三是倚仗自信自强之势。自己对自己要有正确的认识，要有自信心，有干好安全工作的强烈愿望，相信自己应当也一定能把安全工作干好。即使碰到困难，也不可临阵退却，打退堂鼓，要迎难而上，勇克难关。

56. 新任班组长如何尽快改变班组落后面貌

如何将一个事故频发、问题多多、困难重重、人心涣散的班组建设好，使其尽快走出低谷，步入先进行列，往往是一个新任班组长重点思考、重点想办法解决的问题。笔者感到应着重把握好以下几点。

(1) 要抓好班子

班组的领导班子是班组各项工作的领导核心，它的群体优化程度的高低直接关系到班组安全建设质量的高低。班组安全建设没有搞好，大多数是因为班组领导班子战斗力不强。因此，必须先从班组领导班子抓起。首先，新任班组长要和原班组长配合好。新任班组长初来乍到，所要面对的是和一个在班组有一定成绩、有一定的群众基础、有一定影响力的"老坐地户"合作。其次，要充分发挥副职作用。在班组的领导班子中，副职充当的角色重要而特殊，既是参与决策的领导者，又是落实决策的被领导者；既是鼎力完成分管安全工作的主角，又是辅弼正职抓好全局的配角，在班组安全建设上起着承上启下的关键作用。再次，要调动起其他成员。在一个班组的领导班子里，除副职外，还有班组几位大员，这些人往往很少说想法、很少谈建议，从他们那里听到的往往是悦耳的附和声、动听的赞美词，但这些人也往往是最好领导、最容易接近的。作为新任班组长，要仔细捕捉他们的特点，细心发现他们的长处，看清他们在安全生产中的作用，虚心听取他们对安全工作的意见，真心接受他们的建议，实实在在地帮助他们排除个人的困难，这样就能真正走入他们之中，从他们那里获得最真实、最直接的安全信息，他们也会不负领导的真诚和信任而主动出击，热情工作。

(2) 要解决问题

一个安全工作落后的班组往往是老问题迟迟得不到解决，新问题又接连不断；大问题套着小问题，小问题套着大问题。作为新任班组长，无论是从任职前车间领导的嘱托，还是根据自己对这个班组过去安全生产情况的掌握，都会对班组的安全工作问题有所了解，是带着解决问题的雄心有备而来的。解决好这些安全问题，是打开安全工作局面必须过好的一关。首先，要扑下身子真抓实干。其次，要注重科学方法。再次，要从突出的安全生产重点、热点着手。一个安全工作落后的班组，往往是被一些问题束缚着手脚，影响和制约着班组的安全发展，往往是班组领导班子核心作用不突出，工作标准不高等一连串的问题影响的结果。作为新任班组长，一定要在短时间内把需要重点突破的安全工作问题找准，把需要尽快解决的热点安全生产问题摸清，始终从全班组着眼，紧密联系班组历史、人员、任务实际，拿出敢为人先的勇气，拿在短时间内能解决、见成效的安全问题开刀，做到干一件就是一个精品，做了一项就是一个亮点。这样不但树立了自己的威信，而且也给解决其他安全问题奠定了基础，让班组员工看到希望、增添信心。新任班组长履新最忌讳的是眉毛胡子一把抓，这个也想干，那个也想改，想的是样样都尝试，结果是件件都没有改彻底，事事没有新面貌，导致老的安全问题没解决，新的安全问题又不断出现。

（3）要当好样板

新任班组长是班组员工关注的焦点，因此，必须谨慎行事，当好样板，用良好的行动赢得好口碑。首先，要清除私心杂念。其次，要虚心好学。再次，要勤快。新任班组长工作上要勤快、率先垂范，但并不是要求其事必躬亲，但该想的安全工作问题一定要深入去想，该做的安全工作事情，要带头高标准去做，而且要有个人独到的见解，能科学统筹、粗中有细、放中有控，切实担当好班组安全生产工作的"设计师""调度长"。

57. 新任班组长的心理定位

新任班组长走上新的工作岗位，正确调整好心态，使自己尽快地进入角色，顺利打开工作局面。那么，新上任的班组长如何进行个人的心理定位呢？

（1）忌骄，以下位心理重学

所谓下位心理，是指降低自己的心理定位，扩大心理视线仰角，以虚心、主动的意识去增强学习新知识、适应新环境、求得新平衡的紧迫感。新任班组长是员工队伍中的优秀人才，应当具有自信心、荣誉感和成就感。但刚履新后必须清醒地认识到，过去的业绩只能说明过去，新的工作平台需要自己新的实绩去塑造新的威望；在过去的岗位上自己是能者和内行，工作轻松熟路，但职位变了、环境变了，自己应当按新的职位要求进行自我完善，即使还是在同一个班组，也应看到时代是发展变化的，尤其要清楚，职位的升迁有自己拼搏的结果，也具有机遇性和偶然性，身边的同事、工友，包括自己的下级，也有值得自己学习的地方。

（2）忌急，以平位心理重干

在安全工作中保持平位心理，就是注重自己心态的平和稳健，遇事保持既积极又稳妥的心理状态。新任班组长履职后，安全工作热情高、干劲大，希望能在较短的时间内干出新成绩，这是值得肯定的。但是，积极不等于急躁，如果操之过急，就会造成许多不良后果：一是在没有摸清情况的前提下容易导致盲目安全决策，给下属员工留下"嘴上无毛，办事不牢"的不好印象；二是在没有与班组其他领导成员沟通的前提下盲目拍板，容易引起大家的反感，得不到有效的支持；三是"烧新火"容易"灭旧火"，不利于保持安全工作的连续性。因此，新任班组长履新后，在加强学习的同时，应当立足于"慎说多学""慎断多干"。首先，要把前任决定了的、正在实施中的安全大事抓紧干好，保持安全工作的连续性。其次，要带头苦干、实干，尤其要勇于承担大事、难事、苦差事。再次，要善于集中班组领导成员和下属的正确意见和建议，依靠大家的智慧和力量干事、干成事。

（3）忌虚，以上位心理重断

上位心理是指抬高自己的心理基点，扩大心理负视角，以增强自己的自信心。处于上位心理时，有利于激活创造性思维，充分展示自己的才能和智慧，有效提升安全工作锐气。新任班组长履新后应当明白，谦虚不等于自贬，慎断不等于不断。新任班组长履新后也容易走向另一面，就是"怕"字当道，"虚"字当头，处处担心。一是担心自己资历浅，别人不买账；二是担心得罪人，不便于今后的安全工作和与员工相处；三是担心新岗位排外，给自己带来尴尬；四是担心说错话、办错事，别人看不起。因此，处处小心，放不开手脚。这同样不利于安全工作的开展，不利于尽快打开安全工作局面。因此，新任班组长履新后，安全工作该自己决策的事，必须大胆决策，看准了的，必须及时决策，尤其是面对情况复杂、矛盾尖锐、时机紧迫的安全生产问题，一定不能该断不断，优柔寡断。

（4）忌滥，以常位心理重规

常位心理类似于平位心理，但又异于平位心理。其特点是使自己的心路历程遵循常情、常义和常礼，而又不滥情、滥义、滥礼。新任班组长思想活跃、喜文朋友、感情丰富，本是好事，但也很容易感情用事。因此，新任班组长履新后，一定要保持一颗平常心，忌滥重规。一忌滥交友，多交朋友本来是好事，但如果只讲义气不讲原则，滥交朋友，很容易被人利用。二忌滥报恩，新任班组长能有较快的进步，除了自己努力工作外，肯定离不开车间的培养，同事的支持。三忌滥用权。权力是员工给的，员工给的权力只能用来为员工谋利益。知道这一点的人很多，但真正做到很不容易，尤其是新任班组长。四忌滥表态，新到一个班组履职，在安全生产情况不完全清楚前，或者在没有思考成熟前，特别是在新的下属和班组成员面前，表态一定要慎重，绝不能信口开河随意乱表态，否则，一旦乱了原则，以后再纠正就十分被动了。

58. 新任班组长如何应对下属出的难题

班组长与下属，可以说既是一个矛盾体的组合，又是一个统一体的组合。关系融洽，就是一个统一体；关系不融洽，就是一个矛盾体。相对来说，矛盾与统一的主要方面是班组长，主动权也在班组长。作为班组长尤其是新任班组长，只有敢于应对下属的挑战，善于解答下属给自己出的难题，自己的地位和威望才能树立并巩固。

（1）应对下属出的难题，班组长首先要敢于面对

这是考验一个新任班组长是不是具备相应能力的问题。通常情况下，这种考验是下属有心而为之，也是由少数能力强的下属操纵的，其目的是要新任班组长重视他们，把他们放在心中。新任班组长应对的最终结局不外乎以下四种：第一种是光有外表的"空壳子"，徒有一个班组长的虚名，没有追随者和响应者，人人看似尊重，实际上处处看不起。第二种是受下属左右。名义上是班组长，其实仅仅是一些强势下属的代言人，任下属牵着走，做任何事情都得这些下属点头或认可，不然就难以实施。第三种是自主体系，形成两个圈子。一个以少数强势下属为首的权力之外的圈子，另一个则是自己不得已自拉山头而成立的圈子。两个圈子相互对抗，相互掣肘。第四种是靠实力震住下属。那就是从容应对，在工作中争取主动，充分展示出自己的实力，让下属刮目相看，不得不屈服、信服、佩服。作为新任班组长，能否做到这一点是非常重要的。因此，任何一个班组长，其领导能力是有效实施领导行为的基础，不具备这样的能力，是当不好班组长的。

(2) 应对下属出的难题，班组长要善于应变

这是考验一个新任班组长是不是具有相当阅历和权变能力的问题。这种考验也是少数下属心存侥幸、不甘于受人领导而设计的。这些下属给新任班组长出的难题，往往来得突然、来得奇特，其目的是看热闹、看笑话，纯粹是恶作剧。作为一个明智、有能力的班组长，面对这样的难题，必须做到三条：一是接"招"要快，要有迅速反应的能力和心理准备。二是接"招"要稳，能够迅速处理这种人为的突发"事端"，不让事态继续发展。三是出"招"要狠，迅速扭转局面，从气势和心理上把搞恶作剧的下属压倒。新任班组长的这种应变能力，实际上是自身素质和工作阅历的体现，更是领导能力"技压群雄"、巩固地位的关键。

(3) 应对下属出的难题，班组长要注意策略

这是考验一个新任班组长是否具备一定的领导方法和艺术的问题。面对下属出的难题，新任班组长不仅要靠自己的能力解决，而且要让"肇事"的下属从中反思、醒悟，不敢再轻易有所动作，从而显现出自己独特的领导才能和领导风范，通常情况下，给新任班组长出难题的少数下属结果有三种；一种是被新任班组长打入"冷宫"，坐"冷板凳"，不被使用，心中有怨气却无处发泄；一种是虽被使用却始终得不到重用，只能碌碌度日；还有一种是对自己的错误有所认识，变不服、捣蛋为信服、支持，得到班组长的宽容与谅解，成了新任班组长的左膀右臂。当然，前两种情况也是新任班组长不愿看到的。新任班组长在解决下属出的难题的过程中，要注意策略。第一，要让下属知趣，使下属懂得任何事情都有一个度，不可一而再、再而三，自觉自愿全身而退。第二，要尽可能团结转化下属，为自己所用。任何人都不能不犯错误，只要真心悔改，应当给予对方和别人一样的发展机会。第三，要做到心中有数，尽可能做到矛盾不外露，给下属留面子。如果撕破了脸皮，要再合作共事就难了，而这样对于自己以后开展工作有害无益。

总之，新任班组长在安全生产过程中，如何应对下属出的难题是有讲究的。首先敢于面对；其次善于应变；再次注意策略。如果把这三条做好了，那么，班组的安全工作就能步入正常轨道。

59. 新任班组长如何在复杂环境中打开安全工作局面

新任班组长到一个班组任职，面临的往往是复杂困难的安全工作局面。摸清情况，理顺关系，在复杂困难的环境中打开安全工作局面，是新任班组长面临的一项重要任务。

(1) 在调查研究中开局

万事开头难，新任班组长刚到一个班组，又面临困难复杂的环境，开头就更难。如何创造一个良好的开端，不仅关系到能否迅速打开安全工作局面，而且关系到能否取得员工的信任和站稳脚跟的问题。一般来说，新任班组长刚到一个复杂的环境中，应首先立足一个"稳"字。只有稳得住才能做到情况明，一招一式、一言一行才能准确无误，避免误入歧途；只有稳得住，才能尽快缩短与下属员工之间的距离，打好群众基础，把握安全工作的主动权。许多新任班组长有一个易犯的通病，即求胜心切。其结果，往往是欲速则不达，不但难以打开安全工作局面，而且使原来复杂的局面更加复杂。

(2) 在处理各种关系和确立新目标中启动

新任班组长刚到一个情况复杂的班组，经过调查和发挥表率作用，已初步明了情况，基本上掌握了员工情况，下一步的任务就是新的领导活动的启动。在这一步，新任班组长要立足一个"准"字，即客观公正地对待人和事，处理好各种关系，这样才能调动各方面的安全生产积极性，形成安全工作合力，为打开局面创造条件；要实事求是地确定新的安全工作目标，这样才能把班组各方面的力量统一到一个目标之上，使领导活动得以启动。

新任班组长要在复杂环境中处理好上述各种关系，把各方面的安全生产积极性调动起来，为打开班组安全工作局面奠定思想和组织基础，还需不失时机地提出新的安全生产目标，把各方面的力量团结和集中到新目标的旗帜下，使班组安全领导活动启动起来。

60. 新任班组长注意化解下属的离心力

(1) 双向沟通多交心

有些下属之所以与新任班组长产生离心力，主要源于新任班组长不注意，不善于与下属沟通思想，从而导致上下级之间感情不够融洽。新任班组长不注意与下属沟通，有些话没有及时摆到桌面上，下属就会闷在心里，得不到化解，自然就会形成心理障碍，天长日久，下属就会逐渐与新任班组长产生离心力。作为新任班组长，要时刻注意下属的思想动向，对于那些闹情绪或对安全生产工作感到压力过大而抱怨的下属，要及时单独与其谈心，交换思想，帮助其解开思想上疙瘩，敞开心扉，尽量让下属把心里话、牢骚话尽情地倾诉出来，以缩短与下属的心理距离。

(2) 工作信任多放心

新任班组长的信任是能赢得下属的向心力。在安全工作中，新任班组长应注意三个方面。首先是在安全生产中关心下属，要将心比心，让下属在干工作中舒心。其次是对下属在安全工作中的失误不能抓住不放。再次是在安全生产中充分放手，要让下属充分施展才华，让他们挑担子，鼓励他们大胆负责，充

分激发他们的创造性，使其在各自的工作岗位上大显身手。作为一名新上任的班组长，要冲破繁杂事物的包围，不越俎代庖，事必躬亲，不将本属于下属的权力收归己有，削弱下属职权，而应充分信任和依靠下属，使之有职、有权、有责，自主地、大胆地处理分内工作。

(3) 画龙点睛多尽心

在车间领导面前举荐下属和适当的表扬，是激发下属安全工作积极性、增加向心力的有效工作方法和领导艺术。一方面要多举荐下属。作为新任班组长，对下属就要从工作上、个人发展上多尽些心，多向上级领导推荐人才，在关键时刻起到画龙点睛的作用，这样下属就会多一些向心力。另一方面要多表扬下属。新任班组长的表扬，是一种导向和肯定。从某种意义上讲，表扬是对下属的最大奖赏。每一个下属都希望自己进步，希望经常得到领导的注意和表扬，这是一种有上进心的表现。恰到好处的表扬，会起到表扬一个人、激励一大片的作用。

(4) 送去温暖多关心

"感人心者，莫先乎情"。情感赢得向心力。没有下属的支持，即使一个有能力的领导，也将成为孤家寡人，终将一事无成。而新任班组长要想获得下属的支持，就必须对他们亲切关怀，体贴入微。新任班组长要多从生活上关心下属，对下属在婚姻、家庭、子女等生活上的困难和问题，要在不违背原则的前提下，力所能及地帮助解决，使他们感受到班组的温暖、领导的关怀，心情舒畅地投入工作。新任班组长要当好下属的挚友、净友。"良言一句三冬暖"，哪怕是一句简单的问候，也能拉近与下属的距离。

(5) 大肚能容多宽心

"海纳百川，有容乃大"。新任班组长在安全工作中，对下属多一些宽容、多一些大度，动之以情、宽以待人，是化解下属离心力的有效手段。古有"宰相肚里能撑船，将军额上能跑马"的为官格言，作为新任班组长，不可因下属对自己有的地方偶尔表现出来的不尊重而耿耿于怀，更不可寻机报复。要能宽容下属在安全工作中的失误和过错，特别是对那些勇于创新、敢担风险，想干一番事业的下属，应当多宽容、多理解、多抚慰、多支持、多爱护。

总之，新任班组长初来乍到，一定要防止下属对自己产生离心力。采取双向沟通多交心、工作信任多放心、画龙点睛多尽心、送去温暖多关心、大肚能容多宽心等的工作法，就能消除离心力，增强向心力，使班组安全趋向稳定，使新任班组长走向成功。

61. 新任班组长如何在适应中开展安全工作

(1) 心理缓和

新任班组长在心理上往往承受着一定的压力。心理压力过大，有时会引起心理波动；心理波动过大，就容易感情用事，可能造成无法挽回的影响和难以预料的后果。心理缓和是在特定环境中调节紧张心态，缓和心理压力，维持心理平衡的一种心理自我调适方法。具体的做法是：首先，要自我减轻心理压力，保持平稳心态，听取员工反映的安全生产情况，了解员工关注的安全工作问题，记录上级提供的安全方面的信息，认真思考安全问题产生的原因和事态发展的趋势，进而理性地思考解决安全问题的办法。其次，要使自己的工作条理化。可以把班组安全工作根据性质的不同进行分类：上级领导交办的、同其他班组协办的、员工反映的、亟待解决的、不急于解决的、重要的、一般的、需要自己处理的、可以让员工办理的、已经解决了的、未解决的等。这样分门别类，可以做到有条不紊，重点、难点突出，心中有数，自然不慌。心理缓和，是班组领导活动中最常用的心理调适方法。运用心理缓和，新任班组长可以调适好心态，进而提高自己驾驭复杂局面的能力。

(2) 自我求证

新任班组长有时会有一种心理负担，担心自己对某件事情特别是某件重要事情做出的决策不恰当、不准确，甚至是错误的。此时，可用自我求证法。自我求证，就是主动寻找证据，对自己的想法、判断、决策等的正确性进行证明，具体的做法是：不要直接向他人表明自己处理安全事件的决策方案，而是向他们暗示这种方案的可行性，并征求他们对事件处理的意见、建议。如果自己的初衷得不到多数下属员工的认可和拥护，得不到同事和上级的肯定和支持，这说明自己的决策很可能存在某些方面的缺憾和不足。这种情况下就不要付诸实施，而是要回过头来仔细想一想，重新审视并修正自己的决策；如果自己的初衷得到了多数下属的认可和拥护，同时又得到了同事和上级的肯定和支持，就证明既定决策是正确的，可以大胆付诸实施了。

（3）暗示选择

新任班组长在复杂的局面和生疏的人际关系面前处理一些比较棘手的安全生产问题时，可能会遇到这种情况：自己对某件事情处理的办法存在两种或两种以上可能的选择，其中有一种办法是自己倾向的，希望下属接受、同事认可和上级支持，但自己难以确定，或不便言明，又担心通不过或被他人否定。这种情况下，可以尝试暗示选择的方法。具体的做法是：把自己对事情处理的几种方法同时列出来，让下属和同事进行选择，让上级进行决策。但要注意的是，要把自己倾向性的那种办法放在最后。心理学的研究结果表明，只要一个人对某种事情的分析、判断不是明显错误的，在选择内容比较接近而且规定了较小选择范围的情况下，放在最后的内容给人留下来的印象较为深刻，对人的心理会起到暗示的作用，往往会成为被强调的对象，选中的概率较高。

（4）抬高目标

假如做某件事，是为了实现一个崇高的目标，而且这个目标崇高得足以使自己理直气壮、无可辩驳，那么反对者就会少，支持者就会多。当自己确信某件事情，或者对做的某件事情有信心、有把握时，为了减少不必要的外界阻力，争取多数人的支持，尽快实现目标，在下属、同事和上级面前有意地适当抬高目标，是一种有效的调适方法。

新任班组长在安全工作中，可运用的心理调适方法包括心理缓和、自我求证、暗示选择、抬高目标等。作为一名履新的班组干部，凡事都要注意讲原则、讲大局，做到因人而异、因事而异，不能照搬照抄；不能越权行事，忽视决策程序；不能心怀杂念，假公济私。否则，就会走弯路，甚至犯错误。

62. 新任班组长安全工作中应善于洞烛先机

"凡事预则立，不预则废"。这里的"预"指的是预见性、提前准备。新任班组长由于其所处的特殊位置和承担的安全工作责任，必须时刻保持清醒的头脑，具有高度的敏锐性和洞察力，善于洞烛先机。

（1）洞烛先机是新任班组长应具备的一种基本能力

洞烛先机，是指对未来事物的预见和洞察。未来的事物因为没有发生和出现，具有很大的不确定性和可变性，很难预知和把握。智者之所以成为智者，就在于其比一般人看得远一两步，所以掌握了主动权。新任班组长安全工作的成功与否，关键在于是否可以洞烛先机，洞烛先机是新任班组长应具备的一种基本能力。洞烛先机可应对复杂多变的安全生产形势。班组安全生产形势有复杂和多变的两重性，令人捉摸不定，但是也有其发展变化的内在规律。洞烛先机可以准确捕捉安全信息，了解生产动态趋势，把握未来发展变化，把所掌握了解的安全生产状况作为重要的安全决策参数和依据，不致迷茫和游移。只有准确估计安全生产形势，及时发现安全工作问题，才能科学制定安全对策，化被动为主动。

（2）洞烛先机的种种表现

能够洞烛先机的新任班组长，往往有着不俗的表现。

① 有准确的判断力。新任班组长对所面临的人和事要及时做出准确的判断和权衡，以决定取舍。准确的判断在于去伪存真、由表及里、由此及彼，不是孤立地、静止地、片面地看待，而是发展地、动态地、全面地去考虑，在于对人和事深入地、辩证地看待和认识。

② 有敏锐的辨别力。出现在新任班组长面前的人和事，由于多方面的原因，往往鱼龙混杂，真假难辨。如果是出于某个不纯的目的时，往往隐藏更深，辨识更难。敏锐的辨别力在于从比较中辨别、从分析中辨别、从区别中辨别，能透过现象看本质、抓主流、抓关键、不人云亦云，不随波逐流，坚持个人主见，安全信息灵，思维活。

③ 有精到的预见性。察势则明察秋毫，胸有成竹；处事则从容应对，运筹帷幄；用势则趁势而上。在商场，预见就是财富；在生产现场，预见就是安全。

④ 有自如的控制力。正因为对将来可能发生的事有思想准备，不管发生什么都在意料之中，所以，新任班组长能够表现出临危不惊、临忙不乱的大度，能够在班组的安全工作中进退自如。

（3）获得洞烛先机能力的途径

① 从观察思考中获得。万事万物都有着自己的表现形式，有着种种的先

兆和迹象，只要观察，就能了解事物的发展变化。在班组安全工作中，首先是观察要细，不但要观察表象，而且要观察实质。

② 从比较分析中获得。有比较才能鉴别，有鉴别才有启迪。囫囵吞枣，必然消化不良，难有收获。新任班组长在安全生产中，经过比较分析，能知真假、识高低、辨深浅；能从另一个角度加入，把握内涵；能发现掌握事物的规律性、倾向性，从而进入"自由"王国，驾轻就熟。

③ 从总结提炼中获得。事物的消与长、潜在与显现、弱与强都有内在规律，只要总结提炼就会有新的发现。新任班组长在安全工作中，可以：自我总结，以吸取经验教训，完善自我；借鉴总结，他山之石，可以攻玉；事前总结，分析得失，以利再战。经验正是在不断地反复总结中成熟的，阅历正是在不断地反复总结中丰富的。

63. 新任班组长在安全工作中要善于再创造

常言道：上面千条线，下面一针穿。企业新任班组长要做到忙而不乱、忙而有序、忙而高效，必须力戒"拍脑袋"和"一人说了算，凭着经验干"的传统安全工作决策方式，必须转变安全工作被动应付，按上级指示"照葫芦画瓢"的传统安全工作方式，必须改变忙于具体事务、乐于事必躬亲的传统安全工作方式，把准社会前进的脉搏，适应经济发展新常态，适应安全生产新形势新任务的要求，创造性地进行安全工作。

(1) 制定安全工作决策不当"土霸王"，要在实践经验、知识信息、科学民主的最佳融汇点上进行再创造

首先要转变安全工作决策观念，树立知识与信息、科学与民主的安全工作决策价值观，摒弃经验型安全工作决策、家长式安全工作决策等有害的安全工作决策观，切实发扬民主安全工作决策风气，不断提高安全工作决策的科学化程度。其次要创新安全工作决策机制，确保安全工作决策的科学化、民主化落到实处。再次要注意优化安全工作决策环境，努力推进班组安全工作决策活动公开化、安全方式民主化、安全工作决策手段现代化。

（2）贯彻安全政策不当"播音员"，要在市场经济行情的最佳结合点上进行再创造

新任班组长在贯彻上级的安全工作指示精神时，要克服和改变原来"播音员"式的传达方式，以及超越原则的"盲人式"传达方式，以灵活务实的态度既遵从上级安全工作指示精神的基本原则，又注重结合本班组实际情况的下情和市场经济的行情，认真研究符合班组实际、符合员工意愿、符合安全发展规律和贯彻落实措施相结合的办法。

（3）调查研究不当"摄影师"，要在去伪存真、去粗取精、嫁接整合的最佳着力点上进行再创造

调查研究是新任班组长正确安全工作决策的基础和前提，是一项重要工作和基本功。新任班组长在其安全生产的调查研究活动中，必须力戒那种"摄影师"式的调查研究方式，避免"只取美景，不及其余"的做法。

（4）处理问题不当"消防员"，要在总揽全局、审时度势、敏锐预见的最佳推进点上进行再创造

新任班组长要做到忙而不乱、忙而高效，必须改变就事论事、被动应付的消防员"灭火式"的安全工作方法，克服小事琐事做得多，大事、要事抓得少的不良倾向。要集中精力在根本性的安全问题上求得突破，总揽全局、审时度势、敏锐预见，取得安全工作的主动权。一是创造性地处理主要安全问题。二是创造性地处理关键安全问题。三是创造性地处理"热点"安全问题。四是创造性地把握处理安全问题的时机。班组安全生产矛盾错综复杂，往往牵一发而动全身。要做到整体关照、审时度势，把握好处理安全问题的最佳时机，力求达到通一脉而活全身的效果。

64. 新任班组长缘何不理旧事

（1）旧事的难度大

一般来说，在企业班组中，难度不大的事，前任早就解决了，问题之所以遗留下来，多是一些难啃的骨头。譬如，某班组的一个安全工程，因缺少资金而停工了，新任班组长如果去理这样的旧事，不知要花多少心血。

（2）旧事牵涉的关系复杂

在班组安全工作中，有些旧事解决起来本来没有什么难度，但是，由于这件事牵涉的人际关系比较复杂，也使这件事变得复杂起来，前任或前几任班组长在复杂的关系面前却步，只得把它留给新任班组长。

（3）旧事是沉重的包袱

这主要体现在前任或前几任班组长留下的一些事故隐患，因为治理整改这些隐患，一是要花钱，二是要耗费时间，三是要影响产量，这些隐患虽然不可能一定造成重大事故，但毕竟对安全生产有害，成为班组安全工作的沉重"债务"，新任班组长自然不愿意一上任就背上沉重的包袱。还有一种情况是，前任班组长做了许多承诺，但是还没来得及兑现就被调走了，有的则是没有能力或其他各种原因不能兑现，结果将兑现整改这些隐患承诺的重任留给了新任班组长。新任班组长又岂肯随便为那些承诺"买单"。

（4）旧事会影响创造新的成绩

新任班组长一般都是将着力点放在如何创造新的成绩上，采取的主要措施是弃旧创新，铺新摊子，上新项目。在他们看来，理旧事难以显现创新意识和新的成绩。因此，有的为了上新项目，有条件要上，没有条件也要上，力求取得轰动效应，至于欠下的债务以及留下的后遗症，便不管不顾了。

（5）旧事违背了客观规律

有的旧事实际上是前任的拍脑袋决策造成的，不仅不能给班组员工造福，而且劳民伤财。新任班组长如何大刀阔斧地纠正，关系处理不好会得罪前任，倒不如装聋作哑，弃之不理。

综上所述，"新任班组长不理旧事"是班组中的积弊，说白了就是新任班组长怕困难、怕麻烦、怕惹事、怕影响提拔升迁，秉承的是圆滑的处世原则，是典型的私心作祟。"新任班组长不理旧事"这种陈旧观念，应该毫不犹豫地摒弃。理旧事的意义在于：

（1）理旧事，能够树立良好形象

有的新任班组长履职后，对棘手的旧事往往采取推的方法。殊不知，在推的同时,新任班组长的好形象也被推掉了。如果新任班组长能正确对待旧事,无论多棘手的事都负责地揽过来,有能力解决则解决,暂无能力解决则做好解释说明工作,那么新任班组长就会在员工中迅速树立起良好的形象。这种良好形象的潜台词是:勇气、诚信、负责。这是任何广告宣传都难以达到的效果。所以,有的新任班组长上任后所烧"三把火"中,把理旧事当成了重要的"一把火"。

(2) 理旧事,能够提高驾驭能力

在班组中,旧事一般都是难事、复杂的事,解决起来相当棘手。新任班组长要妥善解决这些棘手的事,就需要通过大量的调查研究,做方方面面的工作。这样,一方面会迅速增加新任班组长对所辖工作背景的了解,另一方面也是对新任班组长解决复杂事件的一次锻炼。

(3) 理旧事,能够开拓新的局面

有的班组,安全生产工作推不动,情况比较复杂,主要原因就是沉淀的旧事太多,阻碍了安全发展的步伐。新任班组长敢于理旧事,并且妥善地处理旧事,一方面,会赢得员工的信任和支持,这为员工配合和支持企业搞好安全生产奠定了坚实的基础;另一方面,解开旧事的缠绕,会理顺方方面面的关系,去掉沉重的包袱,为班组轻装上阵抓好安全工作创造条件。

(4) 理旧事,能够创造新的业绩

新任班组长妥善地处理旧事,能为员工,也为企业创造良好的安全生产环境,这本身就是业绩。即便针对那种所谓的旧项目之类的旧事,如果处理得当也能够创造出良好的业绩来。有的人认为这样做不容易出成绩,事实正好相反,因为有前任打下的基础,新任班组长再使一把劲就可以产生成果。这种于员工、于自己都有利的事,为什么要放弃?现实中,一个好的安全生产项目,一任接着一任干,并干出好成绩,各方均受益的情况并不少见。

65. 新任班组长如何巧妙地发布安全生产指令

作为一名新上任的班组长,给下属员工安排安全工作任务或发布安全生产指令，是班组日常工作的重要内容。每位新任班组长都期望下属员工能与自己默契配合，愉快地接受自己的安全生产指令，并圆满完成安全工作任务。但是，即使新任班组长下达的安全生产指令全部是正确的，也会有诸多因素影响到下属对指令的理解与接受。很难相信一个对安全生产指令持抵触情绪的下属能在安全工作中尽心尽力。班组安全生产指令流程见图 2-1。

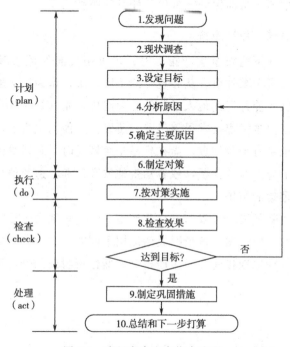

图 2-1　班组安全生产指令流程

(1) 亲切随和"请"字当头

新任班组长如果想让下属愉快地接受自己的安全生产指令，在表述时务必用"请"字。古人云："敬而无失，与人恭而有礼，四海之内，皆兄弟也。"也就是说，人与人之间如果以礼相待，彼此就会亲如一家，有事情自然好说。新任班组长与下属员工虽然是领导与被领导的关系，但二者在人格上是平等的。所以，在下达安全生产指令时，新任班组长最好避免摆出一种高高在上的姿态，以免使下属员工产生低人一等、任人驱使的感觉。"请"字在现代公关活动中已被广泛使用，用来提高工作效率。

115

(2) 紧扣利益，以情激励

新任班组长以激发鼓励的方式布置安全工作任务，下达安全生产指令，可以调动他人的安全工作积极性。班组员工在安全工作中常会因种种原因而产生惰性，这会严重影响安全工作任务的完成。当新任班组长觉察到下属员工有懒惰懈怠情绪时，就应该把安全工作任务与下属员工的贴身利益紧密相连，激发起他们内在的激情，从而保证安全生产任务的顺利完成。

(3) 把握心理，巧妙激将

新任班组长在下达安全生产指令时，也可用反面的话来激发下属的好胜心，使他们决心去干某件事。从心理学的角度来讲，作为社会群体中的人，都有希望展示自己才能并得到他人承认的心理需要，尤其是一些自尊心好胜心特别强的人，做任何事情都要求尽善尽美。所以，当他们主观上对某些工作不感兴趣，或自己也没有十分把握，尚在犹豫是否接受时，新任班组长可故意在言语中流露出对下属能力的怀疑，或者劝告他放弃任务，迫使他出头证明自己的能力可达到较理想的结果。

总而言之，新任班组长发布安全生产指令时一味地命令显得独断，而永远谦和又有失果敢，应依据具体情况灵活运用不同方式。无论采取哪种方式，只要下属员工心甘情愿地接受安全生产指令，新任班组长的价值和权威就得到了体现。

66. 新任班组长把自己融入员工中去

我们常说，下属要学会适应班组长，其实一个成功的新任班组长也必须具备很强的适应下属的能力。实际上，新任班组长适应下属的过程，也是融入下属的过程。因为人与人之间的适应是一个相互作用的过程，任何一方都不可能只强调对方适应自己，而不努力去适应对方。因此，面对企业新的安全生产形势，新任班组长必须用科学的方法不断培养自己融入员工中去的能力。

(1) 转换角色，恰当定位

新任班组长要想把自己融入员工中去，进行角色转换是很有必要的，即新任班组长，可以参照自己以前适应上级具体情况，正确定位自己对下属员工的适应能力，判断自己具有哪些长处和弱点，进而在与下属相互适应的过程中扬己之长，避己之短。

（2）深入员工，接触下属

很多新任班组长原本想同下属打成一片，但始终未能如愿。这时，新任班组长应该用心想一想，究竟用什么方式才能打动对方。一般来说，大众都有社交的需要，下属特别希望新任班组长能够走到他们中去认识他们，而新任班组长只有认识下属，才有可能适应他们。这种认识仅仅靠翻阅员工履历表是不可能达到的。如果新任班组长总是坐在自己的办公室里，就失去了接触下属、适应下属的机会。因此，新任班组长要适当地参加员工的业余活动，不必非要执着于"我是领导，你是下属"的传统意识。新任班组长甚至还可以如朋友一般有限度地向下属透露一些私人事情，拉近与下属之间的距离。能够深入下属生活的新任班组长必定是受欢迎的，许多成功的新任班组长都非常重视这一点。

（3）评价下属，慎之又慎

评价下属是新任班组长分内的工作之一，是知人善任的前提。在班组安全工作中评价下属时一定要注意，不要急于对下属下结论。新任班组长随便对下属评头论足会丧失风度，特别是关于下属人品、能力的判断，更要慎之又慎。满意的评价也罢，不满意的评价也罢，不能让一时的短见蒙住自己的眼睛，成为自己适应下属的障碍。一般来讲，要想全面、客观、公正地评价下属，必须养成有意考察下属的习惯，在考察时必须把握以下原则：考察现实安全工作表现与了解历史表现相结合；倾听言谈与观察行为举止相结合；观察其安全工作态度与观察其安全工作方法相结合。不要担心这样的考察会给下属造成自己很阴险的印象，只要确信自己没有私心，完全是出于工作目的考察下属，再加上一点点不露痕迹的技巧，这种担心就会成为多余。这样，在考察、评价下属的过程中不仅能提高自己认识下属、适应下属的能力，更重要的是为在安全工作中知人善任打下良好的基础。

（4）激励下属，因人而异

在安全生产中正确激励下属是新任班组长魅力的具体体现，也是新任班组长适应下属能力的体现。新任班组长不妨尝试将下属区分为领导型、随波逐流型、冷漠型三种个性类型，采取不同方法进行安全工作激励。对于领导型下属，应当在安全工作中多压担子。领导型下属大多渴望被人重视，渴望获得或多或少的权力，一旦给这种类型的人一些控制权，他们就会干劲十足。对随波逐流型，应当在安全生产中公开表扬，鼓励他们迎接挑战。对此类下属，要经常称赞他们所取得的成就和优秀的品格，特别是在他们的安全工作有较为明显的起色时，要注意抓住时机，鼓励他们勇挑重担、脱颖而出。对于冷漠型下属，应当努力转变他们事不关己的心理。冷漠型下属往往信奉明哲保身，对班组一些公众安全漠不关心，态度冷淡。对此类下属，新任班组长应鼓励他们参加一些团体安全活动，使他们意识到自身表现对集体利益的重大意义，培养他们的班组安全责任意识和安全工作热情。

67. 新任班组长要善用权变理论进行自我管理

权变理论认为，组织是一个开放的系统，由于各种因素间相互关系的动态特性，实际上不可能存在某种适应于一切组织的方法和模式，任何领导类型都不可能十全十美，作为一名新任班组长，应根据不同环境、不同条件、不同时间、不同对象，采用不同的安全工作领导方法，才能取得良好的安全生产效果。因此，在一定意义上说，领导艺术就是一种权变控制艺术。那么，新任班组长在安全工作中怎样运用权变理论进行自我管理呢？

(1) 要掌握并适应好不同的领导风格

领导风格，就是领导者的领导方式和方法。由于领导风格的个体差异主要来自领导者的心理差异，所以不同性格特点的新任班组长在安全工作中有着不同的领导风格。按照领导行为四分图的原理划分，领导风格有命令型、教练型、参与型、授权型四种类型。从领导风格看，各种类型的领导风格并没有好坏之分，但是不同的领导风格会带来不同的安全工作绩效。所以，掌握并运用好不同的领导风格，针对下属的不同情况，采取不同的领导方法，是十分必要的。

（2）要控制自己的领导行为

在新任班组长安全工作的领导活动中，按照权变理论辩证管理原则，应该在以下三个方面控制好自己的领导行为。一是既要关心安全生产，又要关心人。二是既要善于沟通，又要敢于决断。三是既要适度超脱，又要抓住关键。适度超脱，就是不被琐事、小事和表面现象所迷惑、所牵扯，而是集中精力从班组全局上去分析解决安全生产问题，新任班组长应尽量不要管不属于自己分内的事情，该授权时应授权，大胆放手让下属去干。但是，也要区别情况，有些不宜授的权力坚决不授，应该是"大权独揽揽得住，小权分散散得开"。对于应该由下属干的工作，一般不要插手，但也不能放任不管，该督促检查的要及时督促检查，这样才是有效的安全工作领导方法。

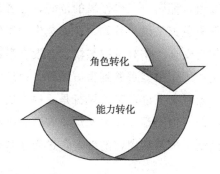

（3）要提升自己的领导能力

领导能力，说到底就是带领人、引导人和影响人的能力。这种能力固然取决于新任班组长自身的素质、经验和技巧，同时也依赖于安全工作环境，下属和上级的支持。作为新任班组长，应该不断提升自己的安全工作领导能力。一是要提升适应环境的能力。二是在安全生产工作中提升领导下属的能力。一般情况下，应努力做到"三多三少"：其一多赞扬，少批评。其二，多协商，少命令。其三，多包容、少计较。三是提升影响上级的能力。新任班组长要当好班组领导，必须服从上一级的命令、指示和要求。但服从不等于盲从，让干啥就干啥。不论哪个层次的领导，都应该有自己的主见，善于把自己对安全工作的主见"移植"给上级领导，及时得到上级领导的认同和支持。只有这样，才能提高班组安全工作领导绩效。

68. 新任班组长提高自身安全素养要处理的几个关系

提高自身安全素养对于新任班组长来说，是提高安全工作水平和安全工作能力的前提，是实现个人进步和自身抱负的必要条件，更是适应时代发展和社会进步的必然要求。新任班组长在提高自身安全素养的过程中，需要处理好这样几个关系。

(1) 雷厉风行与严谨细致的关系

雷厉风行和严谨细致，都属于工作作风的范畴，二者都是相互补充，相互依存的。对于一名新任班组长来说，首先，在安全生产工作中雷厉风行的作风是一个觉悟问题，也就是安全工作有没有热情、有没有激情、有没有主动性的问题；其次，在安全生产工作中能否做到雷厉风行，也反映了新任班组长的能力和水平。因而，从一定意义上说，雷厉风行是一种素质、一种风采。而严谨细致的作风，就是做事前不怕困难、不怕麻烦，大兴调查研究之风，全面了解情况后再做出正确的判断、决策和周密的部署，进而在具体的安全工作中有程序、有章法。

(2) 积极创新与照章办事的关系

新任班组长要干好安全工作，就必须在一切从实际出发的前提下积极创新。创新，从小的方面讲，反映出一个人的素质、能力和精神面貌；从大的方面讲，关系到一个单位的命运，乃至国家、民族的命运。只有不断创新，才有可能实现安全工作的不断上台阶和安全事业的不断发展。而要干好安全工作，规章制度也是必不可少的，因为安全规章制度是安全生产实践经验的总结，是事物内在规律的一种反映。只有"事事跟着程序走，项项按照标准办"，才有可能实现安全管理的规范化和标准化，才能避免错误的重复发生，才能减少失误，提高安全生产效率，进而在安全生产实践中更好地了解规律、掌握规律、探索新的规律。因而，积极创新与照章办事是辩证统一的关系。没有照章办事，创新就失去了基础；没有创新，照章办事就会变得呆板生硬，甚至演化成因循守旧。

(3) 踏实肯干与善于总结的关系

踏实肯干，是对一个人最起码的要求，在班组安全工作中浮躁，没有耐心，不肯吃苦，是不可能把安全工作做好的。对于新任班组长来说，能否做到踏实肯干，就显得更加重要。我们倡导踏实肯干，是要努力创造一种大家齐心协力，爱岗敬业，认认真真干事业的安全工作氛围，并不是倡导一味傻干。在班组安全工作中，踏实肯干的更高境界，是在实干的基础上具备善于总结安全生产经验的素质和能力。总结安全生产经验的过程，实际上是一个对过去的安全工作进行归纳梳理，去发现、分析原因，接下来有针对性地解决安全问题的过程。只有勤于总结、善于总结，才能增强安全工作的预见性和指导性，才能不断提高安全工作能力，不断提高安全工作水平。

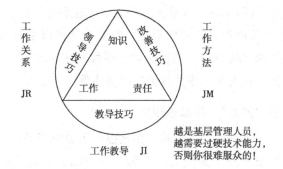

(4) 个人的进步与把握机遇的关系

个人进步，受多种因素的影响，这其中就有机遇的因素，但更主要的因素是个人的努力和工作的业绩。而在班组实际安全工作中机遇的作用较之其他因素来讲更为明显些，因而造成了"运气来时挡也挡不住"的假象，从而给人以错觉，是一些人把机遇错认为进步的第一要素。我们时常会看到这样一种现象：有些能力较强，在安全生产中也取得一定成绩的班组长，当其与机遇失之交臂后，或感到"怀才不遇"时便开始产生急躁情绪，甚至自暴自弃，从此消沉下去；或开始怨恨领导不识人才，认为难有出头之日，于是失去信心；或抱怨生不逢时，于是失去了恒心；或干脆来个守株待兔"等机会来时再说吧"，从此失去了进取心。

成功是主动努力（才能）与客观契机（机遇）的统一，二者缺一不可。"机遇总是垂青那些有准备的人"就科学地表达了不怕没有机会，就怕没有能力的深刻哲理。新任班组长只要奋发努力，用自己的实干、苦干和敢抓善管不断创造机遇，才有可能在班组安全工作中施展抱负，有所作为。因为个人努力是获得机遇的前提和决定性条件，没有个人的奋发努力，机遇再好，也没有丝毫的价值。

69. 新任班组长安全工作"接力"五忌

如何搞好班组上下任之间的安全工作"接力"，是关系一个班组的安全生产工作能否继续发展的关键问题。"接力"搞得好，安全工作就会层层递进，不断发展；"接力"搞得不好，安全工作缺乏稳定性和连续性，就会停滞不前，甚至倒退。"接力"可以折射出新任班组长的安全工作水平和领导艺术。新任班组长对安全工作的"接力"的态度不同、手段和方法不同，效果就会迥异。笔者认为，新任班组长安全工作"接力"时应注意"五忌"。

(1) 忌重程序"接力"，轻思想接力

每任命一届新的班组长，企业都过多地强调了要搞好经费、物资、资产的移交，而往往忽视新老班子安全生产思想上的交流和沟通。要搞好"接力"，老班组长要搞好传、帮、带，既要给新任班组长介绍安全工作的长远打算和安全生产中的经验，让新任班组长明晰安全工作方向，掌握安全生产方法，更要敢于揭己之短，剖析自身安全工作中的问题和不足，让新任班组长吸取教训，少走弯路，避免重蹈覆辙。新任班组长也要向老班组长陈述自己的安全工作思路和安全生产措施，虚心征求老班组长的意见和建议，融汇新老班组长的聪明和才智。

(2) 忌只顾眼前，不顾长远

企业班组的安全事业是靠一代又一代的人的持续奋斗来完成的，一个班组的安全发展是靠一茬又一茬的班组长"接力"来实现的。班组的安全事业既要有长期的规划，又要有短期的计划，长期规划指导短期计划，短期计划服从于长期规划，二者是有机的统一体。然而有的新任班组长在定安全生产目标、做安全工作决策时只看到眼前利益和短期效应，不考虑下一任班组长、下几任班组长的工作和承受能力，盲目蛮干，给班组造成巨大损失。要搞好"接力"，就必须做到于眼前有利、对长远无利的事坚决不做，对本班组现在有利、对下任班组长无利的事坚决不做，为下任班组长营造一个干事创业的良好安全生产环境。

(3) 忌循规蹈矩，不求创新

有的新任班组长到任后，跟着前任的脚印走，照搬照抄前任的安全工作老经验、老办法去想问题、办事情，拿旧有条条框框套实践，缺乏敢为人先、敢闯敢试的勇气，既难以跟上时代的步伐，又难以干出一番安全工作事业。因此，要搞好"接力"，新任班组长需在继承老班组长好的思路和做法的基础上突破陈规，根据不断发展变化的安全工作形势与时俱进，大胆进行安全理论创新、安全制度创新和安全科技创新。

(4) 忌割断联系，标新立异

新任班组长在安全工作中创新不是把前任的东西推倒重来，而是在继承基础上的创新，是"接力"式的创新。要搞好"接力"，新任班组长首先要搞好调查研究，熟悉本班组安全工作的实际。其次，要对前任班组长的安全工作进行认真分析，对前任班组长留下的精神的、物质的东西，采取扬弃的态度，只要是对安全事业和班组的长远安全发展有利的，都应该继承发扬。新任班组长只有在前任打下的安全工作的基础上再加一把劲，才能达到更上一层楼的效果。开创性的安全工作是政绩，在保持班组安全工作连续性的前提下稳步发展也是政绩。而凡事都割断与前任班组长的安全工作联系，否定前任班组长的安全工作经验和成绩，另起炉灶、脱离实际搞创新，是很难有所作为的，甚至会造成严重的损失。

(5) 忌虎头蛇尾，缺乏后劲

新任班组长在安全工作中不仅要烧好上任时的"三把火"，"踢好头三脚"，开好头，还应始终保持良好的精神状态，强烈的开拓意识和奉献精神，在任期内一路高擎"火炬"，跑好属于自己的"一棒"。而且，应该是越临近终点，爆发力、后发力越强。新任班组长在任期内的安全工作要强化立功的思想，抢前争先，真抓实干。

新任班组长在"接力"的过程中，只要始终本着对安全生产事业，对班组、对前人、对后人负责的态度，传好"接力棒"、接好"接力棒"、跑好自己的"一棒"，就能够不断赢取安全工作的胜利，不负企业的重托，给企业和员工交上一份合格的安全生产答卷。

70. 新任班组长安全工作中扬弃的艺术

新任班组长不管是内部提升还是外部调入，其与前任班组长在安全工作中的战略设想、领导模式、管理风格等方面都存在不同程度的差异，而且前任班组长在位时间越长，个人影响力越强，新任班组长与前任班组长的作风差异越大，过渡的阴影效应也就越明显。如何迅速适应新角色，努力践行新职责，平稳度过冲突期，顺利开展新局面，是对新任班组长安全工作能力和实践经验的严峻考验。

(1) 审时度势，以清晰的思路进入新角色

荀子说："先事虑事谓之接，接则事优成；先患虑患谓之豫，豫则祸不生；事至而后虑者谓之后，后则事不举，患至而后虑者谓之困，困则祸不可御。"荀子非常形象而生动地描述了在外界变化时，人们因为考虑周密程度的高低不同而造成的不同后果。因此，只有想在前、谋在先，才能把事办得更好，把坏事化于无形，最终达到未雨绸缪、抢占先机的目的。

立足全局把握思路。"不先审天下之势而欲应天下之务，难矣！"新任班组长必须以胸怀全局的气魄和总揽全局的能力，审时度势、洞察全局、思考全局、谋划全局、指导全局。要运用科学发展观，在去伪存真、去粗取精、求真务实上下功夫，形成科学的安全工作思路；要坚持全面分析的方法，确立班组一盘棋思想，既看局面、又看全局，既看眼前、又看长远；要发动员工，集中智慧，群策群力，形成总揽全局的良好安全工作思路。

（2）求真务实，以更高的标准履行新职责

新的岗位有新的职责，新的角色面临新的挑战。新任班组长必须尽快适应角色的转变，以更强的职责意识，以更高的安全生产责任感，以新时期班组长应有的使命感，积极谋划本班组的安全建设、安全发展。新任班组长上任伊始就要有狠抓班组安全工作薄弱环节的意识和自觉性，不能让"老大难"问题永远搁浅。要冲破老经验、老做法的束缚，对本班组安全工作中存在的问题和差距，在充分剖析梳理的前提下，要敢于亮丑揭短，并制定切实可行的措施，针对弱项要逐个环节抓落实，对后进岗位要对逐个员工帮赶队，通过艰苦的努力，把弱项变强项，后进变先进，从而推动班组安全全面建设整体提高。

（3）与时俱进，以创新的精神赢得新突破

新任班组长在扬弃中开拓进取，勇于创新，大胆实践，突破前任，创造新的安全工作业绩和新的安全生产经验：①在重点难点上突破。②在安全工作领导方式上创新。③在安全管理制度建设上完善。

第三章
年轻班组长安全工作之策

本章导读

　　年轻班组长一般年轻气盛，志存高远，怀着要干一番事业的决心和信心，这是年轻班组长的主要特点。在本章给出了13个年轻班组长安全工作的策略。其中有年轻班组长安全工作的立身之基，年轻班组长安全工作中应把握的问题，如何适应上级领导的风格，年轻班组长履新之要，提高安全工作能力素质的着力点，年轻班组长在安全工作中要力戒浮躁之风，年轻班组长与老员工共事之道，年轻班组长要寻求善学之道等。

　　一个班组中的领导者就是班组长，班组长是班组生产管理的直接指挥者和组织者，也是企业中最基层的负责人，属于兵头将尾。班组安全管理是指为完成生产任务而必须做好的各项工作和各项活动，即充分发挥班组全体人员的主观能动性和安全生产积极性，团结协作，合理地组织人力、物力，充分利用各方面信息，使班组生产均衡地进行，产生"1+1＞2"的效应，最终做到按质、按量、如期、安全地完成上级下达的各项生产计划指标。

　　如果在安全工作中勤学苦练、扎实肯干，那么，年轻的班组长是大有可为的，也是深受员工喜爱的。

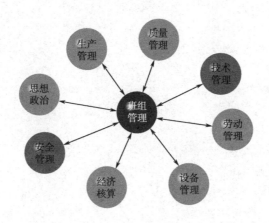

71. 年轻班组长安全工作的立身之基

在企业年轻班组长要成为一名领导放心、员工满意的优秀年轻干部，特别是在安全生产工作中，必须坚持以"四靠"立身，靠成绩赢得尊重，靠素质求得进步，通过做出经得起实践检验的安全工作实绩，来实现自己的人身价值。

（1）靠人品取得信任

做人要有人品，人品是做人的基本品质，是一个人的立身之本。年轻班组长在安全工作中靠人品取得员工的信任，既是一种高尚的人生追求，更是一种具体的安全道德实践。为此，年轻班组长应做好：

① "诚"。在安全工作中要做到"三诚"，即忠诚、热诚、真诚。

② "公"。在安全工作中要做到"三公"，即公正、公道、公信。

③ "和"。在安全工作中要做到"三和"，即和善、和气、和谐。

④ "实"。在安全工作中要做到"三实"，即老实、朴实、务实。

（2）靠工作展示能力

① 每一位年轻班组长都要不断加强自身能力建设，靠扎实有效的工作展示自身善于协调的能力，勇于创新的能力，安全综合能力和口头表达的能力。

② 要增强勇于创新的能力。变革的时代需要创新的精神。要确立创新思维，大胆开拓新思路，寻找新视角，提出新见解；要培养创新精神，以强烈的安全工作事业心、责任感、使命感和紧迫感，以敢于超过前人、永不满足现状的精神，以无私无畏的境界和胸怀，保持奋发有为的精神状态，开创班组安全工作新局面。

③ 要增强安全综合能力。年轻班组长在安全工作中不仅要有"唱功"，更要有"坐功"和"内功"，在安全思想上要有安全发展的理念，在安全技能上要有驾驭本班组所需安全技能的本领，在安全技术上要有满足本班组生产任务的所有安全知识，在安全信息上要做到有关安全知识、安全技能、安全工作经验、事故案例等信息的畅通。

④ 要增强口头表达的能力。年轻班组长要学会用通俗易懂、言简意赅的

语言宣传好、贯彻好党和政府以及企业的安全法规政策，安排部署班组安全工作，要及时准确地提出落实目标的措施和方法，既要讲道理、又要讲方法。

(3) 靠成绩赢得尊重

从某种意义上讲，成绩就是政绩，是年轻班组长德才素质在安全工作中的具体体现，是年轻班组长在履行职责中创造出来的成果和贡献，是年轻班组长人身价值的实现形式。

① 敢于把风险较大的事情办好。

② 善于把竞争性强的事情办成。

③ 勇于把困难较多的事情办实。

(4) 靠素质求得进步

① 过硬的素质源自学习。要坚持把学习作为提高素质、增长本领、做好安全的根本途径，先学一步，学深一些，做不断学习、善于学习的表率。

② 过硬的素质源自实践锻炼。年轻班组长在安全工作中要加强调查研究，虚心向员工请教，善于学习借鉴先进班组的好做法、好经验，并紧密联系自身实际，自觉运用到本班组的实际安全工作中去。

③ 过硬的素质源自追求卓越。在现代企业班组安全工作中提高定位、拉高坐标，以更新的思维把握大势，以更宽的视野审视自己，以更大的气魄谋划发展，抢抓大机遇，盯住大目标，拿出大手笔，谋求大跨越，高标准、高质量、高效率地推进各项安全工作，做到定一件办一件，办一件成一件，成一件优一件，用过硬的安全素质得到车间及企业的认可，用过硬的安全素质赢得员工的口碑，用过硬的安全素质推动班组安全事业的发展。

72. 年轻班组长安全生产中把握的问题

年轻班组长是企业的宝贵财富，是推动班组安全发展的重要力量。作为一名年轻班组长，在企业培养的基础上，还要客观全面地分析自己的现实基础，准确把握实现安全生产的关键问题，以实现个人进步和班组安全发展的和谐共赢。

（1）自觉自主学习

学习进步是一切进步的先导，学习落后是一切落后的根源。学习不能改变人生的起点，但是可以改变人生的终点；学习不能改变人生的长度，但是可以改变人生的宽度。因此，年轻班组长在安全生产中坚持向书本学，多读书、读好书，勤学善思，学以致用，用以促学；坚持向实践学，开阔眼界、开阔思路、开阔胸襟；坚持向员工学，借鉴经验、丰富阅历。

（2）用心修炼品格

理论素养是年轻班组长提高安全综合能力素质的基础，对理论认识的深度，决定着安全思想的高度和实践的力度。品格是一种力量，安全道德是一生的必修课。年轻班组长只有不断提高道德认识，陶冶道德情操，锻炼道德意志，提升道德境界，珍爱自己的人格，珍惜自己的声誉，珍惜自己的形象，才能在安全工作中做到以平静之心对己，以平稳之心处事，以平常之心对待名利，做到自重慎微，自省慎思，自警惧权，自励慎行。

（3）做好本职工作

老话讲"干什么就要吆喝什么；干什么就要琢磨什么；干一行要爱一行，爱一行要专一行"。做好本职工作是年轻班组长成长的根本前提，是立身立业之基。年轻人志向远大，但绝不能好高骛远，要从班组本职工作的点滴做起，以优良的安全工作作风，良好的安全心理状态，饱满的安全生产热情，投身本职工作，以扎实的安全业务功底，较强的安全素质能力，一流的安全工作业绩做好本职工作。要不断提高做好本职工作的本领，树立"干就干好、干就一流、克服一般、追求卓越"的高标准，展示"志不求易、事不避难、永不满足、永不懈怠"的新形象。

（4）敢于负起责任

在班组安全生产中，年轻班组长敢于负责任是一种积极心态，因为个人的一切行为都是主观选择的结果，所以任何客观因素都不能成为推诿责任的借口。安全责任心是干好所负责安全工作的本源，是动力源、能力源、业绩源，年轻班组长应该树立这样的思想认识：对安全生产工作不负责任、敷衍了事，就是对自己不负责任，自毁前程。这样，年轻班组长就会时刻保持一种只争朝夕的危机感，保持一种忘我拼搏的思想境界，保持一种求真务实的人生态度，保持一种爱岗敬业的工作品质，就会时刻以一种自愿乐观的心态面对一切，精益求精地做好每一项安全工作。

（5）注重实践锻炼

实践出真知。心动不如行动，没有行动，班组的安全工作就永远停留在起点。如果说领导力是把思路变为布置，那么执行力就是把观点变成现实。班组安全生产的实践锻炼是运用所学安全知识的大课堂，也是吸取安全智慧和营养的必修课。年轻班组长一定要强化执行落实意识，抓住一切机会，抓紧每一项安全工作，做好每一件安全事情。安全生产实践是锻炼年轻班组长的大舞台，每一次面对陌生领域的安全工作实践，都是一个快速提高自己的机会，因为自己的一些体会、感悟需要经过亲自实践，才能真正地转化为自己的内在修为。

（6）创造共赢人生

在追求人生价值的过程中，年轻班组长要坚持把助人成功作为自己的最大成功。做人需要良师诤友的帮助和支持，干好安全工作需要班组集体的智慧和力量。在班组这个集体中，年轻班组长要善于集团队智慧于一身，并在虚心采纳他人真知灼见的同时，向班组贡献自己的聪明才智。

73. 年轻班组长如何适应上级的领导风格

领导风格是一种客观存在。上级与下级在工作中互相间的风格，适则两利，悖则两伤。年轻班组长主动适应上级的领导风格，不仅有利于上级领导决策的贯彻落实，有利于营造和谐的工作氛围，而且有利于得到上级的支持。这一点，刚刚走上班组长岗位的年轻人尤其要重视，要增强适应上级的主动性。

(1) 领导风格的形成

所谓领导风格，指的是领导者表现出的主要思想特点和行为特点。领导风格是领导者的性格、爱好、气质、涵养等因素在领导工作中的体现和显露。一般来说，领导风格没有对与错、好与坏、优与劣之分。在一个企业、一个车间里，由于领导者具有不同的性格、爱好、气质、涵养、出身经历、工作阅历、文化程度、知识结构等，因而就形成了不同的领导风格。有的领导批评下级不留情面、严厉刻薄，使人难堪；有的却是风和细雨、稳重谦和、宽容宽厚；有的领导办事干脆利索，说一不二；有的却担心别人办不好，婆婆妈妈，拖泥带水。总而言之，每个领导者都有自己的领导风格。

(2) 年轻班组长主动适应上级的领导风格

年轻班组长主动适应上级的领导风格，这是班组工作客观的需要。第一，从上下级双方的社会定位看，下级应当适应上级的领导风格，从社会定位和作用来说，领导者是领航导向，率领引导之人。第二，从上下级全盘安全工作的利弊看，年轻班组长应当适应上级的领导风格。第三，从上下级个人的前程利益看，下级应当适应上级的领导风格。作为一个走上工作岗位不久的年轻班组长，如果能够以自己的谦让去适应上级领导的风格，并能换来有利于整个企业安全工作顺利进行的局面，必然是明智之举。

(3) 如何去适应

下级适应上级的领导风格是有原则、有尺度的。也就是说，下级在非原则性的安全问题上可以谦让，但违反安全生产法律法规的事不能迁就；必须保持独立的人格，而不是依附上级；对积极向上的风格学习和适应，对陋习就应该敬而远之。在坚持以上原则的前提下，还应该从如下方面去适应：①工作节奏的适应。②思维方式的适应。③战略运筹的适应。④态度冷热的适应。⑤语言表达的适应。

年轻班组长适应上级的领导风格，终究是相对而言，并不能改变个人难移的秉性，但只要是有利于安全生产工作，有利于双赢，有利于员工，那么，这种适应就应该继续下去。

74. 年轻班组长履新之要

近年，随着企业干部队伍"四化"方针的深入贯彻和干部制度人事改革的不断推进，一大批优秀的年轻班组长走上了班组领导岗位，改善了企业干部队伍的年龄结构，为企业干部梯队夯实了基础。实践证明，大批年轻班组长走上班组领导岗位，不仅有利于改革和建设事业的发展，同时也有利于激发年轻班组长的潜能，加快安全发展型企业的建设步伐。笔者认为，年轻班组长履新需要做到"五多五少"。

（1）多闻少言

新的工作、新的环境需要新的方法、新的思路，要求年轻班组长在新的工作环境中要多闻少言。多闻少言，需要年轻班组长做最好的听众，经常自我反省，自觉接受班组广大员工的监督约束，本着"有则改之，无则加勉"的态度，不断修正自身，整理出一套既适合自己个性又利于班组安全工作的方式方法，迅速进入工作状态。

（2）多看少议

多看少议，要求年轻班组长不做捕风捉影的传播者和流言蜚语的助推者。多看，看的是老领导、老员工处理安全工作的方式方法，班组的内部环境，员工的工作作风和工作态度，要坚持边看边学边思考，通过看与学、学与思的双重努力，总结经验，积累知识，因地制宜、因人而异地采取最佳的安全工作方式。少议，就是把精力和安全工作重心放在学习上，放在实践上，不参与任何无聊空泛的议论，用工作业绩赢得同事的信任，取得他们的认可，获得尊重。

（3）多思少辩

思考是学习的升华和发展，年轻班组长一定要养成在学习中思考、在思考中学习的习惯。多思少辩，要求年轻班组长对业务和工作下功夫钻研和思考，不争辩和议论某项具体安全工作。年轻班组长进入一个全新的环境当中，会遇到一些同事因对自己不了解而产生议论和怀疑，面对这些议论和怀疑，甚至是一些不怀好意的攻击，一定要保持高度清醒，静下心来学习思考，不断提高自己履新的能力和水平，让一切议论和谣言在自己的工作业绩和真才实学面前不攻自破。多思能让年轻班组长迅速找准位置、准确认清角色，最快融入安全生产工作中开展新局面；少辩则能广开言路，让年轻班组长听取方方面面的不同意见，增强班组安全工作的针对性和实效性。

（4）多行少逸

年轻班组长走上新的班组领导岗位以后，要更加严格地克己修身，切忌放任自流，忘乎所以。多行少逸，要求年轻班组长身先士卒，加强实践锻炼。"纸上得来终觉浅，绝知此事要躬行。"多行不仅能让年轻班组长迅速将学习成果运用到实践中，在实践中自觉检验学习成效，也能更进一步历练动手能力，增长处理复杂安全问题的才干。在新的工作岗位上，年轻班组长要更加勤于学习，勤于实践，淡泊名利，多学多行，认真做事，诚恳待人，历练自我，带领班组员工在安全生产中创业谋业，绝不能追求权力带来的快感，颐指气使地指挥人，而要用自身魅力和自己的工作能力引导人、带动人、鼓舞人。安全生产实践不仅能检验学习的效果，还能准确找到新的学习方向和努力目标。

（5）多谏少断

多谏少断，要求年轻班组长在新的岗位上，摆正位置、找准角色，多提意见建议、少做决策决断。尤其是要严格遵守民主集中制，坚持重大安全事项集体决策的方法和原则，尊重年长的和比自己熟悉情况的其他成员，多听取他们的意见和建议。多谏少断，能够避免年轻班组长在不了解情况之下做出错误的决断。年轻班组长要尊重每一个不同意见、建议，善待每一个敢于提意见的人，对任何事任何人，在不清楚情况、不了解真相时绝不轻易做出判断，自己所提的建议也要在多方征求意见的基础上拿到班组会议上讨论，通过最广泛的讨论研究，从中选择出最有利于推进安全工作的方法，切不可武断行事，越权行事，给安全工作带来被动。

总之，年轻班组长履新时，一定要从严要求自己，善于从大处着眼、从细处入手，克己奉公，公正客观地待人处事。只有这样，年轻班组长才能以个人魅力赢得尊重、赢得支持，做出成绩，才能不负员工的重托和企业的培养。

75. 年轻班组长要历练安全生产能力

做事做人都很重要。对于年轻班组长来说，就是要更多地琢磨做事和做人的道理。不可简单处理，粗心大意。在做事上，笔者觉得：

(1) 要有责任心

车间安排一项安全生产工作，是车间的信任，车间领导交办的一件事情，是车间领导的信任，所以，班组长接受任务的同时就要树立责任心。有了责任心，才有排除困难、忘我工作的实际行动；有了责任心，才有做成事、不坏事的结果。不管是不是自己职责范围之内的事，只要车间领导交办下来，就要努力去办，绝不能推诿、敷衍塞责。遇到困难和问题特别是下属在安全工作中遇到困难和问题时，要敢于担当，不能一推了之。

(2) 要讲究方法

在班组安全工作中，方法得当，四两拨千斤，事半功倍；方法不当，费力不讨好，事倍功半。年轻班组长经验不足，自然在安全工作方法上有些欠缺。一般认为，在班组安全工作方法上要讲究三点。第一点是多做事。第二点是常查事。第三点是会理事。有时候，班组长把问题的处理权交给下属，听取下属有利于提升安全工作质量和效率的意见和建议，可以顺利达到预期效果和目标。当然，下属的建议到底是好是坏，作为班组领导一定要学会鉴别。换句话说，也就是作为班组长要有自己的主见，要把下属的建议框定在自己的工作要求之内，而不能降低工作的标准。

(3) 要有创新创优的意识

年轻班组长在安全工作中要有出亮点、争一流的劲头。一是要勤奋学习，只有掌握了现代安全管理理论和技能，才有创新创优的基础。二是努力工作，实践出真知，再好的理论也要经过实践的检验，被实践检验是正确的东西，才能贯彻落实，这个实践检验的唯一途径就是努力工作。三是认真生活。生活中含有诸多安全哲理，年轻班组长只有认真生活，才能吸取有利于班组安全生产的营养，进而渗透到班组安全工作中。

（4）年轻班组长在做人上应

①学会换位思考，理解并努力解决下属的难处。②维护并解决好下属的利益要求。③把握好原则的灵活性。

76. 年轻班组长提高安全工作能力素质的着力点

当前企业普遍认为，年轻班组长学历高、知识结构新、头脑灵、有干劲、创新能力强。一些企业年轻班组长往往也满足于自己的优势而忽视了自身能力素质的不断提高。笔者认为，企业年轻班组长提高自己的安全工作能力素质，应当从以下四个方面着力。

（1）学得进、用得好——不能做停滞不前的"踏步干部"

学得进就是要真正用心去学；用得好就是要将安全理论充分运用到实际安全工作中去。年轻班组长往往整天忙于应酬和琐碎事务而放松了安全理论学习，这是一个不好的现象。年轻班组长必须从繁杂的应酬中解脱出来，紧密联系实际，做到勤学、真学、深学、善学，永不自满、永不停滞，这样才能在安全工作中克服盲目性、提高自觉性、增强预见性，才能在应对安全生产中的各种风险和考验中不动摇、不变质、不倒退，永远立于不败之地。

（2）当得了、抓得住——不能做纸上谈兵的"空说干部"

当得了就是在承担危、难、险、重安全生产任务时能够处理得当；抓得住就是在处理复杂安全问题时能够抓住主要矛盾和工作重心。企业班组中安全问题比较复杂，员工反映的问题比较多，突发性事件、群体性事件时有发生。不少年轻班组长说起来、写起来头头是道，但缺乏班组安全生产实践经验，驾驭班组全局、解决复杂问题实际能力不足，尤其是对突发性事件、群体性事件缺乏应对能力。在这方面，年轻班组长应当正视自己的不足，切实增强在艰苦复杂环境下的实践历练。

（3）沉得下、耐得了——不能做急功近利的"浮躁干部"

沉得下就是要务实为本、扎实做事，不浮躁；耐得了就是要耐得住寂寞，

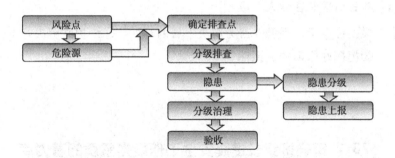

耐得住清苦。要做到这一点，年轻班组长必须明白：自己是公仆，为员工办实事是本分，这是踏实做事的思想根基。有了这种思想根基，才能摆脱因个人私欲不能满足所带来的苦恼，开阔胸襟、淡泊名利，真正安下心来为他人、为企业、为社会做更多、更有意义的工作，并从中获得人生的最大乐趣。

(4) 对得起、联得上——不能做脱离群众的"官僚干部"

对得起就是要对得起企业的培养；联得上就是要密切联系群众，做群众的贴心人。提出这个问题，是因为部分年轻班组长存在着忽视企业培养的"自傲"倾向和脱离员工的"唯上"倾向。企业是条船，个人是船上的一面帆。个人的成长进步除了需要自身的努力外，更需要的是企业的培养。没有企业给舞台，即使有更大的本事，也没有办法施展出来。

77. 年轻班组长安全工作中提高悟性之道

悟性，是指分析和理解事物的能力。这种能力是一种善于见微知著的观察能力；是一种善于整合各种知识、信息，在综合、比较、演绎中触类旁通、融会贯通的独立思考能力；是一种善于运用科学理论指导实践，在实践中消化、吸收、丰富、发展理论知识的理论应用能力；是一种善于对事物进行由表及里、由此及彼的分析思考，透过现象把握本质的科学认知能力。因此，在班组安全工作中，年轻班组长要努力提高悟性。

(1) 要在丰富学识中提高悟性

知识是能力的基础，一般的能力有其一般的知识素养作依托，特殊能力有其特殊的知识结构和知识背景为支撑，无知者必无能。因此，年轻班组长要提高安全工作悟性，必须打牢全面的安全知识基础。

（2）要在加强实践中提高悟性

要始终关注改革开放和现代化建设的最前沿，准确把握时代脉搏，把握社会发展大势，把握当前社会生活中的热点、难点、焦点问题，在风口浪尖感受时代气息，丰富"味觉"，增强"嗅觉"，提高思想的敏锐性。在安全工作中要积极投入到实际安全生产中去，慎待每一件小事，慎待每一个细节，在一点一滴的积累中丰富感性认识，提高判断具体安全问题，分析具体安全事件的能力。要尊重员工、贴近员工，从员工中吸取安全生产智慧，站在广大员工的角度办事情、想问题，增强认识安全问题、分析安全问题、解决安全问题的能力。

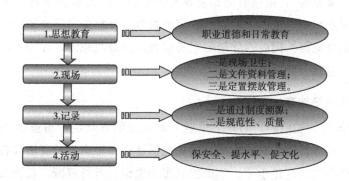

（3）要在培养品性中提高悟性

悟性是有差别的，其差别不仅取决于学习与实践的差别，而且取决于人品、胸襟、志趣、意志的差别。提高悟性非一日之功，不仅是因为丰富学识、加强实践非一日之功，更重要的是因为培育品格、涵养胸襟、陶冶志趣、磨练意志非一日之功。因此，年轻班组长要用磨杵成针的意志，在修身立德、培育品性中提高悟性。

总之，年轻班组长在安全工作中要志存高远，站得高才能看得远。从某种意义上说，安全的悟性就是一种高度。年轻班组长应当树立远大志向，培育宽广胸襟，摆脱物欲羁绊，在有所为有所不为中提高悟性。

78. 年轻班组长"常见病"的自我"防治"

在企业的班组长中，部分年轻班组长由于主观和客观因素的影响，在思想作风、工作作风、生活作风等方面存在着一些不良表现。这些不良表现已经成为年轻班组长成长的障碍。笔者归纳出几种带有普遍性的"常见病"，并提出几点建议，希望对广大年轻班组长有所帮助。

(1)"常见病"有以下四种

①急功近利型。②"怀才不遇"型。③妄自尊大型。④计较名利型。

这些"常见病"，虽然有的是领导方法不当、用人机制不畅、人际环境不佳等外部因素影响造成的，但是年轻班组长自身存在的问题也是产生这些"常见病"的重要原因。因此，年轻班组长应当从自身找原因，逐步克服缺点、错误，做到"身强力壮"。

(2) 防治措施有以下四种

① 明志向，长信心，心理上求进。对企业的安全生产事业的忠诚和良好的心理素质是年轻班组长健康成长的思想保证。年轻班组长要想具备良好的心理素质，必须加强理论学习，不断提高思想觉悟，开阔视野，增强大局观念。

② 挑重担，长韧劲，能力上求强。有的年轻班组长缺乏韧劲，在挫折面前一触即溃，灰心丧气、自暴自弃，是不成熟的表现。逆境成才历来是人才成长的一个基本规律。年轻班组长要学会在困难和逆境中做出正确的选择。

③ 勤思考，长经验，处事上求稳。年轻班组长应当胸怀全局，善学乐思，集众人之贤为己之优，集众人之长补己之短，不断积累经验。在安全生产工作中在坚持重大原则不让步的前提下，在工作方法上要多一些灵活性，正确处理好如下几个方面的关系：一是"上"与"下"的关系。要主动同上级沟通，汇报思想，争取领导的理解和认同，切不可在思想上同领导"捉迷藏"。二是"进"与"退"的关系。三是"近"与"远"的关系。在同分管副班组长和其他班组领导的关系协调上要有近远之分，与主要领导和非分管副职要保持适当的距离，避免分管领导对自己产生猜疑。

④ 常自省，长"关"念，自律上求严。所谓自律，就是做到自我戒备、

自我控制、自我审视，自己给自己当"法官"，要在错与非错上把好"关"。不能因自己之过小于别人而自谅，不能因自己之过够不上法纪处罚而自谅，更不能因自己之过小于自己功劳而自谅。

总之，年轻班组长是企业安全生产的未来，只要用心去防治这些"常见病"，做到心理上求进、能力上求强、处事上求稳、自律上求严，年轻班组长就能快速成长起来，企业的安全生产就有了中坚力量。

79. 年轻班组长如何干好安全工作

作为新时期企业的年轻班组长，要干好安全生产工作，当好领导的参谋助手，关键是要做到十二个字：心要静、人要勤、脑要灵、嘴要严。对这十二个字，笔者结合工作实践谈点粗浅的认识。

(1) 心要静

心静是一种思想境界，是一个人谋求事业发展的前提。面对纷繁复杂的社会，面对复杂的班组日常事务，面对新时期各种利益冲突，心要静下来。心静了下来，才有更多的时间和精力去考虑班组的安全生产，摆在面前的安全问题也才能迎刃而解。

①要确实摆正自己的位置。②要学会淡化个人的利益。③工作不能急于求成。

(2) 人要勤

勤能补拙，勤快有时候能弥补一个人某些方面的不足，能改变一个人的形象，是一个人成长进步的关键性因素，也是一个人精神状态的外在体现，更是把一个人带向成功彼岸的风帆。

①要勤练基本功，基本功是年轻班组长能力提高的基础。②要勤学、勤思、勤写。

(3) 脑要灵

脑是人体神经的枢纽，决定着一个人的言谈举止。保持清醒的大脑，工作起来就会得心应手。班组工作最贴近员工，直接影响企业的形象。年轻班组长始终保持清醒的头脑，是干好班组安全工作的关键性因素。

①精力要集中，切忌错、忘、漏。②上传下达要深入，切忌充当传话筒。③思维要创新，切忌守旧。

（4）嘴要严

语言是表达个人思维、传达信息的最主要途径。说话的时机、场合、对象、分寸不一样，收到的效果肯定不一样，同一句话，不同的人，用不同的口气说出来的效果也不一样。所以，管好自己的嘴，用好自己的嘴成为年轻班组长不可忽视的问题。

80. 年轻班组长如何选用有效的安全工作领导方式

班组安全工作领导方式是指班组长实施领导行为采用的具体行为和手段，它是直接影响班组长安全工作领导效能的重要因素。年轻班组长要实现安全工作领导职能和任务，就必须注重领导方式的选用。

（1）要对下属有正确的估计和认识

西方管理心理学中提出了"实利人""社交人""自我实现人""复杂人"四种与领导方式选用有关的人性假设理论。这种理论认为，领导行为是否成功与有效的决定因素之一是领导者对人的属性的认识程度高低。年轻班组长在安全工作领导方式的选用中，只有对下属有一个全面的、正确的认识，在此基础上实施领导，才可能产生有效的领导行为。这种人性观点尽管有一定的局限

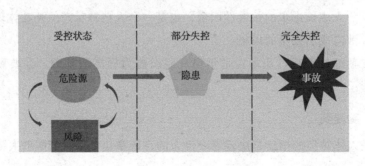

性，但对年轻班组长还是有一定启发的。如同事故演变过程一样。

（2）要充分考虑所处环境和被领导者成熟度的变化

年轻班组长在安全工作中，一是要注意与具体的情境相适应，要充分考虑上级的相关安全要求、安全工作的性质、安全任务的结构与因素，以做到动态的协调。二是要适当考虑上级的领导风格，自己的职权与被领导者的关系等变量，以更好施展领导才能。三是要在安全工作中充分考虑下属的个性特征及其与自己个性特征的相容度、互补度，以达到心向一致、心静平衡、心理相容。四是要使员工对实现安全目标有较高的认识接受度，要让大家不同程度、不同形式、不同层次地参与班组安全决策，以更好调动大家的主观能动性，增强内驱力的持久稳定性。五是要与被领导者的成熟度有机结合起来。

（3）要充分考虑领导作风对领导行为有效性的影响

一是要坚持以人为本，充分尊重和相信员工，真正把员工看作安全工作主人翁，以奠定自己坚实的安全工作领导基础。二是要充分重视员工的资历、经验、能力、潜力，以最大限度调动员工的安全生产积极性、创造性。三是要与员工建立和谐融洽的关系，创设宽松、自由、文明、向上的氛围，以使大家心情舒畅，士气高昂地工作。四是充分发扬民主、集思广益，让员工参与安全工作决策，以不断增强员工的安全事业心、安全责任感。

（4）要在安全工作中努力寻求最佳领导行为

年轻班组长在安全工作中，一是要把"关心人"作为安全工作领导的重要行为倾向，要在实际行动上实践"科学发展观"，共筑"中国梦"，做一个真正的员工公仆。二是要注意调查、研究、了解员工不同形式、层次、方面的需要，关心员工的疾苦，从内心深处满足员工的实际需要，全心全意为员工服务。三是注意不断完善自己的人格、品行，以自己高尚的人格魅力，为人师表的行为感召员工、凝聚人心、鼓舞士气。四是要把"关心人"和"抓安全"有机地结合起来，做到既能尊重、相信员工，听取员工意见，满足员工需要，又能严格要求，使大家高效率地搞好安全工作。五是要根据环境、对象的变化来选择相应的安全工作领导行为模式，以获得最佳安全工作效率为评判标准。

（5）必须锻造自己科学合理的素质和特性

年轻班组长只有安全素质结构合理、特质鲜明，才能实施恰当的高效的安全工作领导行为，并能在安全生产实践中不断完善和创新领导方式。作为一个合格的班组领导者，需要多种安全素质，需要合理的安全素质结构，概括地说包括六大方面：高尚的安全道德品质；广博的安全科学知识；较高的安全工作领导才能；较强的安全创新精神和实践能力；良好的个性品质；健康的身体素质，并相互联系、相互影响、相互促进。

81. 年轻班组长在安全工作中要力戒浮躁之气

现代企业中年轻班组长大多学历较高，思维敏捷，接受新事物快，创新意识强，工作干劲足，在班组安全发展和安全生产工作中发挥了重要作用。但也必须看到，有少数年轻班组长由于缺少严格的科学发展观锻炼，安全工作不够踏实勤奋，使自己的成长和成熟大受影响。反映在安全工作中，主要存在以下几个方面的问题。

(1) 急功近利短期行为

年轻班组长想干出一番事业，得到企业和员工的认可，这本无可厚非，但由于心态浮躁，有些人急于求成，不从本班组的实际和长远安全发展出发，而是热衷于搞形象工程，制造轰动效应。

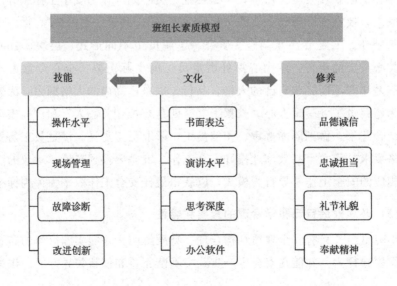

（2）高高在上脱离员工

因为一心考虑个人的升迁，一些年轻班组长便不愿深入员工之中了解员工的所思所想、所盼所怨，对员工对安全生产的呼声置若罔闻，而是整天围着领导转，为迎合上级部门或领导出"新思路""新举措"，不怕员工利益受损害，就怕上级领导不满意。

（3）作风浮躁，回避矛盾

作为年轻班组长，在安全工作中本应脚踏实地，从小事做起，但少数年轻班组长却存在"三多三少"现象，即交办别人多，亲自动手少；听手下汇报多，亲自到岗位少；布置号召多，检查落实少。对棘手的安全生产问题，不是动脑筋、想办法尽快解决，而是推、拖、捂，推给别人处理，久拖悬而未决，捂着不让暴露，一心指望调令早日到手，溜之大吉。

（4）眼高手低，好高骛远

少数年轻班组长走上班组领导岗位，安全工作能力还不是很强，但自恃有本科或研究生学历，便自以为高人一等、胜人一筹，说话口大气粗、官腔十足。有的这山望着那山高，对自己的实际安全工作能力心中无数，还整天自我感觉良好，不立志于做大事，而立志于做大官，一见别人提拔，则躁动不安，耐不住寂寞。

上述问题虽然只存在于少数年轻班组长身上，但却有一定的代表性。要解决这些问题，使年轻班组长能够健康地成长，笔者认为可以从以下几个方面着手。

① 压担子。年轻班组长的成长成熟需要一个实践积累的过程。把年轻班组长放到矛盾较多、基础较差、事故多发的班组进行锻炼，不仅可以使其学会做员工的安全思想工作，提高分析、解决安全问题的能力，还可以使年轻班组长更加熟悉班组的实际安全生产情况，做好长期吃苦、扎根班组的思想准备，让年轻班组长感到安全工作有压力、有难度，要开动脑筋、想方设法才能圆满完成。

② 常沟通。年轻班组长由于认识上的偏差，容易看不清自己，也容易在取得安全工作成绩时沾沾自喜，遇到挫折时垂头丧气。这就需要车间领导对年轻班组长及时进行指点。要在充分全面地了解年轻班组长工作、学习、生活等各方面情况的基础上，经常找其谈心、交心。对年轻班组长取得的安全工作成

绩要充分肯定，并鼓励其再接再厉，不骄不躁，在安全生产中不断取得新业绩。在他们遇到挫折时，要帮助其分析原因，使其从失利的心理阴影中走出来，迅速以积极的态度投入新的工作。

③ 严考核。少数年轻班组长在安全生产工作中之所以心浮气躁，急功近利，是因为他们看到有些年轻班组长靠不实的政绩得以提拔重用。因此，要始终坚持凭实绩用人的导向。首先，在考核指标体系的确定上要科学。其次，在考核方法手段的运用上要合理。再次，在考核结果的运用上要旗帜鲜明。

④ 重培训。一些年轻班组长之所以在安全工作中存在浮躁心态，根子还在思想深处。组织学习培训，是提高年轻班组长思想素质的有效途径。企业应当有计划地组织年轻班组长通过脱产安全培训、在职自学、专题安全培训等形式，系统地学习安全发展理念、安全科学技术、安全法律法规、安全文化建设等，真正使年轻班组长具备与其所在岗位和班组相匹配的理论和技能功底。

82. 年轻班组长安全工作中与老员工的共事之道

随着人事制度的改革，企业中大批锐意进取、年富力强的年轻班组长走上了班组领导岗位，普遍形成了年轻班组长与年长下属合作共事的格局。面对比自己年龄大、阅历广、经验丰富的年长下属，年轻班组长，特别是刚刚接过"帅印"的年轻班组长，如何理顺安全工作关系，搞好与年长下属的协调配合，无疑需要认真面对并进行深入思考。

(1) 以尊重赢得支持

年轻班组长与年长下属共事，要把尊重放在第一位，始终把年长下属当成培养、帮助自己的师长，给予充分尊重，年轻班组长对年长下属分管的安全工作要多给予理解和支持，主动征求他们的意见和建议，充分相信年长下属的能力和威望。在交代安全生产任务要求时，要把握好方向性和原则性，但在具体做法上要放手、放心、放权；在岁末年初总结讲评时，对年长下属的业绩给予充分肯定；在日常交往中，年轻班组长要时刻体现出对年长下属的人格尊重和人文关怀。

（2）以公心赢得拥护

年轻班组长必须根据本班组的实际情况对安全工作做出新的决策，其中必然会涉及利益的重新调整，有些可能与原先的政策相抵触，因此，容易或多或少地使年长下属产生思想顾虑。在这种情况下，年轻班组长要想方设法与年长下属进行安全思想交流和情感沟通，以真诚的态度耐心细致地做好解释工作，把情况讲明，把政策讲透，要把判断安全工作是非功过的基本标准放在为企业、为员工上，以一片公心赢得年长下属的拥护。

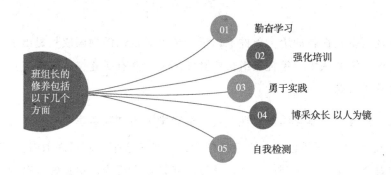

班组长的修养包括以下几个方面

01 勤奋学习
02 强化培训
03 勇于实践
04 博采众长 以人为镜
05 自我检测

（3）以包容赢得配合

"海纳百川，有容乃大。"能否按照德才兼备的原则选贤任能，善于发现、培养和使用人才，是衡量年轻班组长在安全工作中是否成熟的主要标志之一。因此，年轻班组长要充分了解掌握年长下属的特点和优势，善于把他们的长处发挥到最大限度，把短处控制在最低限度，学会调兵遣将，促使年长下属的安全生产积极性和创造性得到充分发挥。年轻班组长要自觉把自己置于集体之中，正确认识和看待个人和班组的关系，树立团队精神和协作意识。

（4）以服务赢得赞誉

人既有情感需要，又有物质需求。班组领导年轻化以后，很多年长员工转换为被领导角色，容易在情感或相关待遇上对一些细节问题过于敏感。对此，年轻班组长应该设身处地多理解体谅，多做换位思考，充分发挥班组领导的服务作用，周到细致地做好工作，真心实意地帮助他们排忧解难，切莫简单地"例行公事"，把年长下属的实际困难以"正确对待"四个字一推了之，也不能忽视与他们的情感交流和思想沟通，或动辄把个别年长下属的暂时情绪波动上纲上线，引起矛盾和隔阂。在涉及利益分配调动时，年轻班组长要把年长下属切身利益的问题放在心上，做到在物质待遇面前气定神闲，主动把最好的工作环境和生活设施让给年长下属使用，积极营造顺畅的和谐的安全工作环境。对年长下属提出的困难和要求，只要在政策原则允许的范围内，就要尽最大的努力给予解决。

83. 年轻班组长要探寻善学之道

年轻班组长在新的历史条件下，善于学习对他们的健康成长提出了更高更新的要求。笔者认为，年轻班组长要胜任岗位，并有所建树、有所成就，必须不断提升学习能力。

(1) 充分认识学习的重要性，变"要我学"为"我要学"

古人云："一日不读书，心臆无佳念；一月不读书，耳目失清爽。"年轻班组长在安全工作中要深刻认识到，学习不光是个人行为，也是安全事业发展的需要，是一种责任；要有一种强烈的学习意识，要用前瞻性的眼光看待学习，认识到明天的文盲不是不识字的人，而是不会学习的人，作为年轻班组长，即使学历再高，如果不能持续地学习，不能随时更新自己的知识结构，就无法掌握新的知识，原有的知识优势必将很快丧失，时间长了，头脑就会"生锈"，就不能更好地胜任安全生产工作。年轻班组长在安全工作中要以时不我待、只争朝夕的精神，把勤奋学习、掌握安全知识作为自觉追求。

(2) 把学习作为一种乐趣，变"为知而学"为"因喜而学"

在安全生产工作中为知而学是学习的初级阶段，因喜而学才是学习的高级境界。开国领袖毛泽东同志曾经说过，学习要有兴趣，有了兴趣，才不会感到累，才会越学越轻松。作为年轻班组长，不能把安全知识学习当作一种负担，而要把安全知识学习当作一项愉悦身心的运动，带着兴趣去学习。每个人的学习能力不是与生俱来的。学得越深入，收获就越大，就越能认识到自身的巨大安全工作潜能，从而在安全工作收获的喜悦中达到乐学的境界。

(3) 下真功夫、苦功夫，变"浅尝辄止"为"学深学透"

安全知识学习的目的是提高自身安全生产方面的能力，不是为了装点门面、附庸风雅。所以，安全知识学习不能浅尝辄止、不求甚解，而要学中有思、思中有学。安全知识是无穷无尽的，而我们的时间是有限的，不能不加选择，盲目地学，而要"精学"，选择一些对自身安全工作有较大帮助的安全知识学，做到学中有"联"、学中有"悟"。学中有"联"，就是善于整合自己所学的知识，将相关的、类似的知识凝聚起来，把许多原来似乎彼此不相关的知识联系起来，加以重组"杂交"，不断分析、融合、衍生，从而发现新事物、提出新观点。学中有"悟"，就是通过对安全知识信息的综合、渗透、交叉，把已知的东西消化吸收，变成营养，充实自己，达到触类旁通的目的。

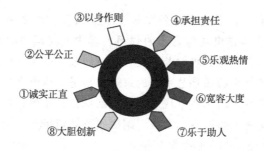

（4）坚持工作学习化，学习工作化，变"忙而不学"为"在干中学"

一些年轻班组长工作任务重、事务多，没有足够的时间坐下来系统地学习，于是便以"忙"为借口，强调工、学矛盾突出，放松了对学习的要求。殊不知，工与学是一体的，是不可分割的两部分。勤于安全学习、善于安全学习，则安全工作能力就强，安全工作质量就高，安全生产就得心应手，从而更加精心安全学习，形成工与学的良性循环。年轻班组长要摒弃那种把安全工作与安全学习对立起来的思想和做法，自觉地把二者紧密结合起来，善于利用一切时间、一切方式、一切机会学习，以工作促学习，做到学习与工作两不误。

第四章
副班组长安全工作之举

本章导读

　　本章介绍副班组长安全工作之举，主要用了17个方法来说明副班组长如何在班组安全工作中发挥自己的作用。其中包括副班组长安全工作中的禁忌，副班组长如何与正班组长相处，副班组长安全工作中如何摆脱忙乱，副班组长安全工作中的领导艺术，副班组长安全工作中要到位而不越位，副班组长要善于在不同的环境中找准位置，副班组长处理与正班组长关系的艺术，副班组长安全工作姿态二三事，副班组长必须树立"副职意识"，履新的副班组长在安全工作中如何定位等。

　　一个班组是否有活力，有竞争力，首先是看班组的凝聚力，因为只有具有了凝聚力整个班组才会具有战斗力，而这个凝聚力体现了全体人员有共同的奋斗目标，有核心的人，并且由核心的人带领大家共同实现这个目标。班组长就是班组的核心人物，班组长，特别是生产一线的班组长责任重大，但副班组长的辅佐作用也是相当重要的，因为副班组长对安全工作的管理是其工作的重点。副班组长必须时时刻刻都注意安全，因为班组的工作环境比较复杂，而接触的大多数都是危险性较大的作业，一旦出现事故后果是十分严重的，副班组长必须利用安全例会给大家讲解安全问题，分析安全事故以及产生原因，对于新调入的职工与年轻的职工利用平时的时间和他们交流，给他们讲以往发生的安全事故和产生原因，在日常的工作中加强安全检查工作，发现一旦有违章的行为立即给予纠正，并且告诉其违章有可能带来的后果。

　　副班组长不是可有可无，而是必须有，由副班组长主抓安全生产，辅佐班组长搞好安全工作是副班组长的职责所在。这一点，每位副班组长都要牢记。

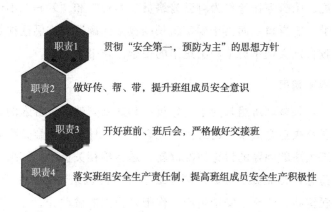

职责1　贯彻"安全第一，预防为主"的思想方针

职责2　做好传、帮、带，提升班组成员安全意识

职责3　开好班前、班后会，严格做好交接班

职责4　落实班组安全生产责任制，提高班组成员安全生产积极性

84. 副班组长安全工作中的禁忌

副班组长作为班组的领导成员，在安全工作中要根据自己的职务特性恰当地扮演好自己的角色，规范自己的言行，注意自身的形象，尤其是要注意以下禁忌。

（1）忌乱发议论

副班组长在安全工作中不分场合、不讲分寸、不负责任地讲一些不该讲的话，发表一些不该发表的议论，有的甚至在班组员工或大庭广众之中口无遮拦地议论班组其他领导的短处、缺点及个人隐私，损害了他人的名誉，也影响了同事之间的关系和班组的团结。

（2）忌轻易决断

一些副班组长没有摆正自己的位置，对正班组长缺乏应有的尊重，在班组领导班子中讨论重大安全工作事项和做安全决策时喧宾夺主，自觉不自觉地说一些本该由正班组长说的拍板定调的话。在处理较大安全问题的时候，不向正班组长请示汇报，自作主张，热衷于自己"说了算"，以显示自己的分量和魄力。正班组长对此不满，班组领导班子的其他成员也很反感。

（3）忌随意许愿

有些副班组长为了提高个人的威信，在员工面前随意许愿，甚至把岗位调整、利益分配、荣誉评比等作为自己笼络员工的资本和"筹码"不计后果地投其所好，吊员工的胃口。而由于副班组长的权限问题这类许愿往往是难以兑现的，最后导致自己失信于员工，给班组的安全工作带来阴影。

(4) 忌跑风漏气

在班组中，某些副班组长为了讨好员工和达到其他不可告人的目的，把班组领导班子研究决定重大事项的意见，尤其是评优评先、奖金分配等比较敏感而又备受员工关注的问题的讨论情况泄露，透露给相关员工，结果造成班组领导之间相互猜忌，相关员工对班组领导班子和有的班组干部产生误解、埋怨，甚至产生抵触情绪，给班组安全生产工作带来很大的被动。

(5) 忌要权壮势

某些副班组长通过上级，如车间、企业向班组正班组长"打招呼"，或者自己死皮赖脸、软硬兼施地向正班组长提出分管奖金分配、劳保发放等职权较大，又关乎员工的切身利益的工作。一旦正班组长不能满足其要求，就怨声载道，消极怠工。有的副班组长对员工亲亲疏疏，义气十足，竭力培植和壮大自己的势力，拉帮结伙，想方设法把与自己关系贴近的员工调到自己分管的岗位或职责范围，把与自己关系疏远的员工调离自己的分管范围，这对班组安全生产十分有害。

总之，在班组安全生产工作中，副班组长要有正确的角色定位，努力使自己的活动、言行、举止符合自身所担任职务的履职要求，做到自然、得体、不越位、不错位、不失位。只有这样，班组安全生产才能有序、有利、有效。

---

85. 副班组长如何与正班组长相处

在企业班组中，副班组长处理好与班组长的关系至关重要。处理得好，就能建立良好的人际关系，创造良好的工作环境，有利于班组生产、安全工作；反之，班组工作中就会出现不和谐之音。那么，作为一名副班组长，应如何与班组长相处呢？

（1）尊重而不崇拜

人人都需要尊重，尊重是沟通双方情感，建立融洽人际关系的前提条件。只有相互尊重，才能做到相互了解，相互支持。副班组长作为班组领导班子中的一员，自觉尊重班组长，才可能取得班组长的信任，消除班组长对自己的"心理屏障"，便于接近班组长、了解班组长，从而获得班组长精神上和工作上的支持和帮助。当然，副班组长对班组长的尊重，应当以自尊为前提，在为人处事中，尊重班组长，绝不等于卑躬屈膝、盲目崇拜。尽管相对而言班组长具有较高的才能，特别是在安全工作中，有丰富的经验，有远见的卓识，有过人的胆略，但班组长并不是"完人"，缺点错误在所难免。搞"崇拜"必然要对班组长文过饰非，这样做不但违背许多人的做人原则，不符合实际，而且对班组长指挥班组全局工作也非常有害。

（2）服从而不盲从

善于处理被领导和领导的关系，是一个人在企业工作的关键。没有服从就没有领导，没有服从就形不成统一的意志和力量，任何事情都难有成就。在班组安全生产中，服从领导不仅是工作需要，也是处理人际关系的需要。不服从领导的人，必然不会有融洽的人际关系，与班组长相处也不会和谐。在班组安全工作中，副班组长与班组长，被领导与领导之间，根本的利益是完全一致的，上下级关系中的服从虽有强制性，但没有统治和压迫的性质，完全是工作职责的需要。因此，作为副班组长，坚持服从组织、服从原则、服从班组长领导，不是奴性的表现，而是对企业安全事业高度负责的理性行为，同时也是具有较强的为人处事能力的表现。要想处理好与班组长的关系，就必须学会对班组长服从而不盲从，特别是班组安全生产工作更应如此。

（3）注重合作，协同互补

副班组长虽然是班组选拔出来的佼佼者，但也不是全能的，各有所长、各有所短，在安全生产工作中存在知识、技能、气质等方面的差异。副班组长只有忠于职守，积极主动地履行自己的安全职责，出色地搞好本职工作，并与他人密切协同，扬长避短，才能形成班组强大的安全工作合力，这是班组领导之间协调相处的基础。因此，作为副班组长，要想处理好与班组长的关系，就必须与班组长合作互补，要做到齐心协力，密切合作，忠于职守；要做到不谋名位，安全为重；要做到赤诚相助，甘做助手；还要做到互相补充，相得益彰。

151

(4) 要局部服从全局

任何事物都存在着全局与局部两个方面，全局是指事物的整体及其发展的全过程，而局部是指组成事物整体的一部分及其发展的某个阶段。全局与局部是对立统一的。在班组安全工作中全局与局部的关系上，全局统领局部，局部隶属全局。全局的利益是班组大多数员工的根本利益、长远利益所在，全局与局部的关系反映在班组安全生产工作方面就是班组长与副班组长及其他成员的关系。作为副班组长，在处理与班组长的关系时，必须牢固树立全局观点，想问题、办事情应从全局出发，当局部利益与全局利益产生矛盾时，要舍得放弃局部利益，甚至牺牲局部利益以顾全局利益。

86. 副班组长安全工作中如何摆脱忙乱

忙乱，是副班组长在安全工作中最感头痛的难题，班组终日被"上边千条线，下边一根针"的工作模式所束缚，陷入会议多、接待多、电话多、文件多、兼职多构成的"五多"包围之中，尽管使出浑身解数，仍然感到"突围"无门。而要摆脱忙乱，必须从正确处理安全工作过程中的大事与小事、主动与被动、个人与班组三方面的关系入手。

(1) 正确处理大事与小事的关系

在班组安全工作中，一是大事与小事既有区别，又有联系。那种认为抓大事是正班组长的事，副班组长把具体安全工作干好就行了的观念是片面的。副班组长分管的工作，也有大事、小事之分。副班组长一定要养成抓大事的良好工作习惯，切忌"眉毛胡子一把抓"。二是要承认个人的精力总是有限的，要把有限的精力用在抓大事上。三是要善于授权。要善于小中见大，看出小事中所蕴含的事物的本质，把大事与小事联系起来。要善于以大带小，但又不单纯地去抓小，而是要通过整体安全工作决策，注意在全局中得到解决。

（2）正确处理主动与被动的关系

主动与被动是班组安全管理中两种相反的局面。从被动到主动，从主动到被动，并没有不可逾越的鸿沟，关键是在班组安全管理中，要善于精心引导，准确把握。

①了解症结，发挥优势。②把握时机，果敢突破。③扩大战果，巩固阵地。

（3）正确处理个人与班组的关系

处理个人与班组的关系，摆正个人在班组中的位置，发挥个人的聪明才智和创造精神，进而凝聚成集体的战斗力，就会无往而不胜、无坚而不可摧。否则，就会陷入被动，感到忙乱，甚至产生无端的烦恼。副班组长在处理个人与班组的关系时，应注重以下三点。首先，班组领导班子的集体智慧能最大限度地激发个人的创造力。其次，班组领导集体的制约能及时纠正个人的失误。再次，班组领导集体的配合能促进个人分管工作顺利开展。因此，集体的配合是保证副班组长个人分管工作顺利开展的重要条件。通过精诚合作，使每个副班组长的单向力形成班组领导集体的强大合力，推动班组各项安全工作顺利发展，最大限度地发挥班组领导集体的群体效应。

87.　副班组长安全工作中的领导艺术

副班组长在班组领导班子中所处的地位比较特殊，既是领导者，又是被领导者；既是决策者，又是执行者；既唱主角，又唱配角。副班组长岗位具有双重性，在副班组长中时常有人抱怨："干副班组长是苦差事，快走一步有越位之嫌，慢行一步有不尽职之累。"正确对待和处理好这个问题，副班组长自身应着重注意处理好四个方面的关系。

（1）揽事不揽权

在班组安全工作中，揽事即多管事，揽事必须揽得适时，揽得得体。一是当正班组长在场时，副班组长要尽量少当面揽事，尤其安全工作能力比正班组长强的副班组长更应注意这个问题。二是安全工作的初期阶段或创业阶段要多揽事，认真当好排头兵，身先士卒，恪尽职守，积极带领员工完成正班组长交办的各项任务。三是对一些难点、热点、焦点、棘手问题，副班组长要挺身而出，甘当缓冲环节，以便给正班组长争取更多的时间和回旋余地，考虑处理解决问题的方法和相应的对策。四是对一些安全职责比较模糊或一般事务性的安全工作要多揽，以便让正班组长集中精力想大事、抓大事、干大事。

（2）谋事不谋人

副班组长要成为实现班组长安全工作意图的"谋士"，首先，要谋出好点子。其次，要把好点子用好。再次，是坚持原则敢于进谏。任何高明的正班组长都难免在安全生产、在安全工作决策中出现偏差和失误。出现这种情况的时候，副班组长要敢于大胆地向正班组长进谏劝阻，帮助正班组长克服和纠正。那种计较个人得失，遇事唯唯诺诺，明知不对也随声附和的态度是与党的原则格格不入的，对自己、对同事、对工作是极其有害的，应当坚决摒弃。在班组安全生产中要大力提倡多琢磨事、少琢磨人，在理解中共事，在共事中增进理解。

（3）干事不误事

在班组安全工作中，所谓干事不误事，就是要干对方向，有章有法，高质高效。而要做到这一点，对副班组长来说，要在"灵、精、敢、诚"四字上下功夫。"灵"就是头脑灵活、反应灵敏，正确领会正班组长的安全工作思路和意图，在此基础上充分调动下属员工的安全工作积极性，协调各方面的关系，努力把正班组长的安全工作决策转化为行动。"精"就是精通和熟悉分管范围内的安全生产任务和安全操作程序，哪些事情能办与不能办，先办与后办，亲自办还是交给下属办，都要有一条清晰的思路。"敢"就是敢于大刀阔斧，创造性地开展安全工作，对正班组长交办的和分工范围内的各项工作，凡是看准了的，就放手大胆去干。"诚"一方面是抓安全工作要诚，当安全工作决议形成后，无论自己在讨论中所持意见如何，副班组长都应毫不迟疑地在自己分管的工作中全面准确地实现正班组长或班组领导班子的意图，而绝不可因为自己的好恶影响班组安全工作决议的贯彻执行；另一方面是相处要诚，副班组长既要坚决维护正班组长的安全工作决策和权威，又要对正职未觉察到的安全问题及时给予提醒，在坚持安全生产原则的基础上诚心相处，不断增进理解，增进团结。

（4）成事不争利

一般来说，由于正班组长在班组领导班子中处于中心地位，班组集体取得的各项安全生产业绩和荣誉往往是与正班组长联系较为紧密。而副班组长的成就往往深藏于班组集体荣誉之中。因此，作为一名副班组长，一是要有维护大局、维护团结的主观愿望。二是要有不争名利，不图报恩的胸襟。三是要冷静对待误解和责难。只有这样才能消除误解，使班组系统内的各方和谐相处，保持班组系统运行机制的正常运转。应当指出的是，当好合格的配角是领导艺术问题，更是一个领导素质问题，副班组长除了不断加强学习，努力实践，精通领导艺术外，更重要的是要不断加强思想素质修养，从多方位、多角度来完善自己，在安全生产工作中自觉加强各方面的修养，努力追求高层次、高目标、高水准，努力成为有较高素质和才能的领导者。

88. 副班组长安全工作中要到位而不越位

在班组安全生产工作中，所谓副班组长到位，是指副班组长充分行使自己的职权，有效发挥自己的作用。

（1）决策，"勇谋"而"慎断"

副班组长在安全工作中要到位，首先谋略要到位。"谋"是副班组长在安全工作中的重要职责。根据副班组长的角色特点，其谋应当体现"四性"：一是超前性；二是延伸性；三是逆向性；四是换位性。正班组长安全工作决策的基点是班组全局，副班组长为正班组长安全工作决策当参谋，不能仅从自己分管工作的视角出发，而应学会换位思考，换位谋划。特别是当自己分管工作与全局安全工作发生利益冲突时，副班组长更应换位思之，从而增强对正班组长的理解，让局部利益服从全局利益。

(2) 落实，"主动"不"妄动"

在班组安全工作中副班组长是正班组长的左膀右臂，必须积极主动地对正班组长的安全工作决策、决定加以落实。落实工作要"到位"，关键在于抓好几个"关键点"：一是"重点"；二是"难点"；三是"白点"；四是"焦点"。

(3) 总结，"重实"勿"重功"

副班组长总结安全工作要"到位"，应当注重三个方面：一是要从班组全局定视角；二是要从事实出观点；三是要就两面做体察。副班组长总结安全工作，既要总结成功的一面，又要敢于报忧，正视工作的不足。实事求是地评价自己的安全工作，发扬成绩，弥补不足，是副班组长在安全工作中的重要职责。

89. 副班组长要善于在不同的环境中找准位置

在企业的班组中，怎样才能当好副班组长呢？笔者认为，关键是要善于在各种不同的安全工作环境中找准自己的位置。

(1) 善于在指挥员与战斗员之间找准位置

副班组长的角色具有多重性，在不同的安全工作环境中可能是指挥员，也可能是战斗员，或二者兼而有之。所谓指挥员是指副班组长对分管的某一方面的安全工作，只要看准拿稳，即可拍板定案，拥有相应的决策权，起到独当一面的作用。所谓战斗员则是指副班组长在执行正班组长的安全工作决策时，必须亲临第一线，检查安全工作任务的执行进展情况，帮助岗位员工解决遇到的实际问题，并及时把进展情况及存在的问题反馈给正班组长。在副班组长充当指挥员的角色时，就要拿出大将的果敢与气魄，坐镇指挥；充当战斗员的角色时，就要披挂出征，深入最前线，冲锋陷阵；当二者兼有时，就要有机地结合起来，扮演好双重角色。

(2) 善于在分工与合作中找准位置

一个班组的领导班子能否发挥作用，且作用发挥得如何，不仅取决于正班组长，也同样取决于副班组长。如果正班组长与副班组长，副班组长与副班组长之间分工不合理，配合不默契，那么不论其个人素质多高，能力多强，班组领导班子也难以形成合力。副班组长在分工与合作中只有找准自己的位置，才能增强班子的整体功能。一个班组往往有几位副职，各管一方面，各把一条线，各有各的领导范围。作为一名副班组长切忌插手其他副班组长分管的工作，如确实有必要的话，可通过正班组长出面协调，或积极主动地征求分管副班组长的意见，切不可乱插手，以免造成员工无所适从，副班组长之间闹意见。有的副班组长在安全工作中喜欢大包大揽，甚至"一竿子插到底"，结果使下属岗位成了"空架子"，处于无为地位，不但挫伤了员工的积极性、创造性，而且容易在下属员工中导致不满情绪，产生不良后果。因此，作为副班组长在安全生产的分工合作中，如何才能不"越权"不"争权"，则是处理好纵向、横向关系，在分工协作中找准自己位置，增强班子整体安全功能的关键所在。

(3) 善于在决策与参谋中找准位置

从表面上看，安全工作决策似乎是正班组长的事，事实上正班组长的安全工作决策往往是在副班组长安全工作决策的基础上进行的。这是因为副班组长对自己分管的工作更了解，更容易发现矛盾和问题，也更能准确地提出相应的对策。这种优势正是副班组长在安全工作决策中发挥参谋作用的重要条件，副班组长应该在大量占有材料的基础上，积极参与安全工作决策的设计、论证、选优，特别是对涉及自己职责范围的工作，更应大胆提出见解。但有一点需要明确的是，副班组长的参谋作用必须根据正班组长对安全工作的大体设想，并力求准确地体现正班组长的意图。当副班组长觉得自己提供的安全工作决策具有重要价值时，副班组长就要主动提供，但具体安全工作决策要由正班组长拍板定案。在实施安全工作决策的过程中，正班组长如不主动征求某一副班组长的意见，副班组长绝不可乱表态。对正班组长表过态或已做出安全工作决策的事，副班组长更不能妄加评论。但应注意的是，对一开始就出现的安全工作决策失误，副班组长不能不闻不问、听之任之，当然也要注意提醒的方式方法。

90. 副班组长关系学研究

在一个企业班组中，副班组长同正班组长和班组领导班子其他成员的良好相处关系，对于班组领导班子贯彻民主集中制原则，加强班子思想作风建设具有重要意义。在一个班组中，副班组长处理好同下属员工的关系，对于调动班组员工的安全生产积极性，齐心协力开展安全建设至关重要。

(1) 处理好与正班组长的关系，当好"配角"，积极"补台"

副班组长对正班组长要以诚相待，只有思想真诚，才会有安全生产工作的主动支持。一是出点子要诚。二是抓工作要诚。当班组安全工作决议形成后，无论自己在讨论中所持意见如何，副班组长都要毫不迟疑地在自己分管的工作中全面准确地实施正班组长乃至班子的意图。三是进谏言要诚，任何正班组长都难免在安全工作、安全工作决策中出现偏差和失误。

(2) 处理好与其他副班组长间的关系，站好"本位"，打好"交叉"

在企业班组中，作为一个称职的副班组长，首先，要熟悉与分管工作有关的方针、政策和法律、法规，明确本职工作的性质、任务和范围，了解本企业安全状况并提出适合本班组的安全工作思路。其次，对分管的工作要尽其心、谋其政，尽可能做到细微周全和有条不紊。再次，要尊重其他副班组长，虚心向他们学习，经常与他们交心，不能隔心。一定要避免"各干各的，谁也管不了谁"的错误做法，不能把自己分管的某些岗位当作独立王国。如果把自己分管的岗位视为自己的"领地"，容不得别人插手，听不得别人的意见，那就会把这些岗位封闭起来，甚至孤立起来。应当把自己分管的岗位的安全工作情况及时与其他副班组长沟通，并征求他们的意见和建议。要有"旁观者清"的想法，乐于接受其他副班组长的意见，不能固执己见，变相堵塞其他副班组长的言路。当发现其他副班组长分管的岗位出现安全工作矛盾和分歧时，也不能袖手旁观，更不能幸灾乐祸，而应积极妥善地帮助协调关系、解决矛盾。只有真诚地对待别人，别人才能真诚地对待自己。否则，就会貌合神离，出现名曰集体领导，实则各自为政的不正常局面。

(3) 处理好和下级的关系，充当"主角"，形成"合力"

在班组中，副班组长在正班组长面前是配角，而在自己分管工作范围的下属面前则应是主角。副班组长要与下属搞好关系，获得下属的拥护和支持，形成安全工作的"合力"。首先，在安全生产中决断而不独断。其次，信任而不包办。再次，爱护而不庇护。不庇护下属的缺点和错误，对其进行批评教育，也是一种爱护。当然，批评要注意场合，讲究方法。对下属的过错要分析原因，指出问题的性质和危害，既不能纵容、庇护和迁就错误，也不能不加分析地上纲上线。要尽可能地拉他们一把，帮助他们分析原因、总结经验、吸取教训。

91. 副班组长处理与正班组长关系的艺术

副班组长是一个班组里必不可少的角色。副班组长与正班组长的关系如何，直接影响到班组的团结和各项工作的开展。因此，如何处理好与正班组长的关系，不仅仅是工作态度、工作方法的问题，更是一门值得研究的学问和艺术。

(1) 明确关系，尊重为上

首先，不论正班组长的年龄大小、性别如何，工作经验多少、水平高低，副班组长都要尊重正班组长，以热情、诚实、实干来赢得正班组长的好感与信任。其次，副班组长要了解正班组长的工作作风、工作习惯以及生活方式等，并适当调整自己的行为，力争步调一致。再次，副班组长在工作上要及时向正班组长汇报情况，尤其是一些重大的安全生产问题，要正确领会正班组长的意图。同时，副班组长要加强与正班组长工作以外的交往，加强与正班组长之间的相互了解。

(2) 当好参谋，不能越位

在正班组长做出安全工作安排、计划前，副班组长要尽可能地了解摸清正班组长的意图、动机，协助正班组长做出正确的判断。要在了解、掌握具体安全工作情况的条件下提出自己的观点、建议。若一时没有搞清正班组长的意图或对具体安全情况不太清楚时，要多听听正班组长、同事及员工的意见，不要盲目附和，以免造成误导。在安全工作决策实施过程中，副班组长要继续当好参谋，对出现的安全问题要分析原因，提出改进措施，使班组安全工作得以善始善终。副班组长在安全工作中该管的事要管，不该管的事不要乱插手，更不要喧宾夺主。

(3) 迂回包抄，讲究方法

在班组安全工作中，副班组长与正班组长难免出现矛盾，如果处理不好，既伤了同志的感情，又影响了安全工作的开展。对此，副班组长要引起足够的重视。当副班组长的建议不被采纳时，副班组长对自己的建议重新审视，听取正班组长及其他人员的意见，加以充实修改。如果建议确实有利于安全工作却不被采纳时，副班组长应心平气和地向正班组长解释自己的想法，在不能形成统一意见时，也可以采取"迂回包抄"的方法，下班后到正班组长家里坐坐，在聊天中谈自己的考虑、想法。副班组长应注意的是，即使自己的建议不被采纳，也要认真执行正班组长的决定，做好本职工作，不能满腹怨气从而影响安全生产。

(4) 当面不说，背后要说

在班组安全工作中，提倡有问题、有矛盾、有意见说在当面，不要当面不说背后乱说，副班组长当应如此。但在处理与正班组长的关系上，副班组长采取"当面不说，背后要说"的策略也许效果更佳。当副班组长单独向车间汇报安全生产情况时，对班组取得的成绩要充分肯定正班组长的领导作用和组织才能；在进行安全工作总结时，也要把正班组长如何勤奋工作，关心员工的事例向下属加以说明，这样既肯定了正班组长的作用，又树立了班组团结合作的好形象。

92. 安全工作中副班组长的"四不"

在企业的班组中，常常听到有人抱怨副班组长难当。其实好当难当都得有人当，更何况好当难当也是相对的。要想当好副班组长，个人的素质确实至关重要，然而当领导就要谋事，而谋事首先就是要处理好人际关系。人际关系是"天时、地利、人和"三个成事要素中最活跃的因素。依笔者之见，副班组长在安全工作中处理人际关系时应注意以下四个方面。

(1) 不说过头话

不说过头话，不仅副班组长应当注意，正班组长同样应该注意。然而相比之下，副班组长更应该谨慎一些。有些副班组长，总爱说过头话，比如对下属员工提安全作业要求时，总爱派头十足地说："我要你怎么办，你就得怎么办。"要知道对一些安全上的事情的处理，往往不是个人说了算的。更何况作为副班组长，意见也不一定就完全正确。类似这样的话，一旦说过了头，最后兑不了现，出丑丢威信的还是自己。同时还会在本班组内部造成矛盾，甚至会给人留下一个主观、武断的印象。

(2) 不搞小中心

一般来说，在班组中副班组长要分管或主持某一方面的工作，然而分工不能分家。为了给正班组长及时提供面上的情况，作为副班组长，就应该经常主动地向正班组长通报自己的工作。同时也要欢迎正班组长及时地过问和检查。然而事实上，有些副班组长对此往往不够注意，常会有意无意地把分管的工作视为个人的"势力范围"，别人过问一下就视为"侵权"。久而久之，不仅自己会自觉不自觉地失去班组全局观念，眼光越来越短浅，心胸越来越狭窄，而且还有可能给全班组的安全生产造成被动，反过来又影响自己分管工作的开展。

(3) 不争说了算

班组领导班子内部有不同意见是完全正常的。在安全工作中产生分歧意见的时候，有些人的意见将被否决，这是不可避免的。即使属于副班组长分管的工作，有些重大的，可能会对全局产生影响的事，也同样需要集体研究才能决定，或者由正班组长拍板，而不一定非要主管副班组长说了算不可。由于副班组长长期分管某个方面的工作，可能比别的领导（包括正班组长）更有发言权，但副班组长作为"局内人"，千万别忘了"当局者迷，旁观者清"的古训，必要的时候，可以保留意见，但用不着耿耿于怀。要知道，凡事都有两个方面，说话从来都不算数固然不好，但事无巨细都只有主管副班组长说了才算，恐怕也不正常。

（4）不做"墙头草"

在班组中，有些副班组长过于世故，开会说话、待人接物总是油滑有余、诚实不足，对上级和正班组长总是听话有余、主动不足；无论遇到什么安全生产问题总是不点头不摇头，察言观色看上头；有脑袋无思想，有"架子"无主张；哪边的来头大就往哪边跑，哪边的风声紧就往哪边倒；名为副班组长，实为班组庸人；说话办事毫无主见，至多起个"传话筒""通信员"的作用。这对班组的安全生产十分有害，千万要不得。

总之，在企业班组要想当好副班组长，以上四个方面应该仔细琢磨琢磨。

93. 副班组长安全工作姿态二三事

副班组长是协助正班组长处理班组各项事务的助手，特别是在班组安全生产工作中，要想当好副班组长，笔者认为需要重点把握好三个问题。

（1）领会正班组长意图，主动当好参谋

正班组长是一个班组中的核心人物，负有凝聚群体意志、贯彻上级指示、实现上级决策的使命。作为副班组长，在工作中若能正确领会正班组长意图，出主意、办事情就偏离不了中心和方向，就能保持大局下的统一行动，班组的合力就强，工作就有成效。那么，怎样才能领会正班组长的意图呢？一是要多分析多研究，从正班组长的思维轨迹中把握其意图；二是多请示多汇报，在听取正班组长意见中体会其意图；三是多观察多交流，在与正班组长的交往中弄清其意图。

（2）摒弃私心杂念，自觉当好配角

副班组长的助手地位，决定了其工作的从属性。如果一事当前，先替自己打算，考虑个人得失，是绝对当不好副班组长的。要当好副班组长，扮演好配角，首先要淡泊名利，耐得住寂寞。副班组长事事处处都应把自己放在从属的地位，不能遇到名利就上，遇到功劳就抢，更不能认为自己本事比正班组长大，与正班组长比高低，甚至产生正班组长阻挡自己进步的错误意识。其次，

要甘当铺路石，维护正班组长权威。在一定意义上讲，正班组长是班组的象征，正班组长形象不好，会极大地影响班组的形象和工作质量。正班组长的形象好坏有多种原因，其中一个重要方面是与副班组长的支持程度分不开的。维护正班组长威信，一是要身体力行，不折不扣地执行正班组长的指示，认真围绕正班组长的意图去抓安全，为下属员工做出榜样。二是要教育下属自觉做到按级负责，凡是上级安全工作指示都要认真执行，不能因人而异。三是在安全生产的实践中如果发现正班组长的指示有失误，不能在员工中评头论足、拨弄是非，而应当正确引导。同时，讲究方法对正班组长及时提出改进建议。四是要多干具体工作，到位不越位。一个班组的安全工作的落实，作为副班组长，不但应到实地、查实情、办实事，而且做到每一项安全工作都比正班组长想得更细、做得更具体，让正班组长放心，为正班组长分忧，真正使正班组长从具体事务中解脱出来。

(3) 妥善处理矛盾，促进班组团结

一个班组的成员在学习、生活、工作中，不可避免地存在摩擦和矛盾，如果处理不好，必将增大内耗，减少合力，影响班组安全建设任务的完成。化解矛盾、维护团结，副班组长具有不可推卸的责任。副班组长维护团结的工作是多方面的，但关键是正确处理与正班组长、与下属员工、与其他副班组长之间的关系，注重敏感问题的解决。处理好与正班组长的关系是上述三大关系中的难点，尤其是正班组长的意图与副班组长的认识产生较大的分歧时，往往强调自己说了算，要求正班组长服从自己。这就要求副班组长处理好按正班组长意图办和不唯正班组长意志的关系，既要坚持原则，又要注意方式，应在和谐、宽松的氛围中寻求共识，在坚持原则中统一思想，进而形成合力。

94. 副班组长必须树立"副职意识"

一个班组的领导班子是由正班组长和若干副班组长组成的，共同承担着一个班组的领导责任和全面管理工作。副班组长对班子来说是一个班子成员，分管着一个方面的工作；对正班组长来说又是配角，发挥着助手作用。副班组长如何保持清醒的头脑，找准位置，是加强班组安全建设和安全发展的一个重要方面。

（1）思想上必须树立"副职意识"

所谓"副职意识"，包括两层含义：一是责任意识，副班组长和正班组长都是上级任命的班组领导成员，必须对上级和员工负责，必须对本班组的工作负责。二是角色意识，副班组长在班组领导中处于副手的位置，对正班组长而言是助手和配角，处于从属的地位。就像戏剧中的演员一样，有主角有配角，是什么角色，就要进入什么角色，不能把角色搞乱了。发生角色错位，就必定会出问题，会使一出好戏乱套，影响正常工作。作为副班组长，只有在思想上树立"副职意识"，才能在行动上既不越权越位，又尽职尽责、恪尽职守，担当好副班组长的角色。

（2）工作上必须做好分管工作

能否做好分管工作，是衡量副班组长是否称职的重要标志。副班组长只有努力做好自己分管的工作，才能体现出自己的价值。怎样做好分管工作呢？一是要明确自己分管的工作任务、范围、权限，也就是自己应该怎么做、怎么管、管什么，职责任务必须十分明确，不能乱管也不能不管，要按班组分工的要求去管好。二是要善于学习和借鉴他人的经验和成功之处，寻求做好分管工作的方法、技巧和途径，特别是要学习正班组长处理安全问题的思维方法和领导艺术。三是要将工作做细，积极主动，特别是对布置的班组安全生产工作要有检查、有落实、有结果，不能布置过任务就完了。要在安全工作中克服依赖性，克服什么事情都等着正班组长出主意、想办法的思想。在班组安全生产中不要怕出问题，不要怕困难，困难就是机遇，困难解决了就说明有水平、有能力。

质量第一 责任第一 安全第一

人人争做第一人！！

(3) 关系上必须注意协调

在处理与正班组长及其他成员的关系时，副班组长要把握好以下三个方面：其一，副班组长必须有强烈的集体领导意识。其二，副班组长必须正确对待自己的分工权限，服从正班组长的协调。其三，副班组长必须与班子其他成员互相配合、互相支持。副班组长必须团结协作，互相补台，心往一处想，劲往一处使，这样才能形成合力。作为副班组长必须按照班子集体的口径和要求对外表态，不能对外泄露班子中的不同意见和分歧，以免给班组的全局安全生产工作造成被动。这也是副班组长应有的素质和职业道德。

95. 副班组长安全工作"三字诀"

当过副班组长的人，在安全生产工作中，大都有这样的体会，工作干少了不行，干多了也不行，有时候需要站出来唱黑脸，经常感到"安全工作难干，安全事情难办"。那么，怎样才能当好副班组长呢？笔者结合工作实践，总结出来一个"三字诀"，供副班组长们参考。

(1) 吃饱不转圈，突出一个"干"字

有人常讲："副官副官，吃饱了转圈。"意思就是说副班组长不用干太多的工作，吃饱了转转圈就可以了。其实，抱有这种思想的副班组长，是绝对干不好安全生产工作的。对于副班组长的"干"，主要体现在以下两个方面：一是以身作则，埋头苦干；二是讲究科学，创新巧干。总而言之，不管是苦干，还是巧干，副班组长都必须要干。一个班组，如果只靠"正班组长去喊、员工去干、副班组长去转"，班组的领导班子就会失去说服力，就会失去凝聚力，就会失去对员工的号召力，也就没有了战斗力。副班组长在安全工作中要"干"，不要"转"，这是干好安全生产工作的前提条件和基本条件。

(2) 遇事不退缩，突出一个"敢"

少数副班组长在安全工作中遇到一些棘手的问题时，往往退缩，绕着问题走，不敢承担责任。对于副班组长，应该提倡的"敢"字主要体现在两个方面：第一，敢于唱"黑脸"；第二，敢于"吃亏"。其实，把安全工作成绩算在正班组长身上、算在班组集体账上，是班组凝聚力的一种体现。试想，正常情况下，一个班组的安全先进奖牌由副班组长来领，这班组的领导班子还有战斗力吗？对于"吃亏"还体现在另一个侧面，即当出现某些安全问题或受到上级批评时，副班组长要敢于站在其他员工面前，绝不能推诿，也不能过于计较个人得失，这是一名副班组长应具备的品格。

（3）到位不越位，突出一个"甘"字

作为一名副班组长，安全工作中一定要到位。这个到位，不仅仅是指安全工作中的到位，更应该突出"心"的到位。要尽心尽责地干好自己的本职安全工作。不要事事推给正班组长，处处依赖正班组长，在自己分工范围之内的事情，要做到"该出手时就出手"。副班组长在安全工作到位的同时，又绝对不能越位。特别是当正班组长到本班组工作的时间比副班组长短，年龄比副班组长小，能力及经验还欠缺时，副班组长更要摆正自己的位置，不能我行我素，也不能主观臆断，更不能争名夺利，否则，必将成为班子不团结的爆发点。副班组长要客观地看待自己与正班组长各自的长处，实事求是地分析班组现状，做到不该说的话不说、不该做的事不做、不该拍板的绝对不拍，各司其职，绝不越位。

总之，在班组安全工作中，副班组长也有非常重要的作用，能起到承上启下的作用，也能起到榜样带动的作用。副班组长本身要体现"干""敢""甘"三字诀，以此来摆正心态，激发干劲，那么，副班组长在安全工作中的作用便凸显出来。

96. 副班组长要有良好的心理定位

副班组长如何发挥好自身的作用，是班组安全建设中不可或缺的重要内容。从班组的实际情况看，有些副班组长安全心理定位不准，影响了自身在班组安全建设中作用的发挥。副班组长不良安全心理轻则损害个人形象，重则有损于安全工作和事业，因此副班组长需要具有良好的安全心理定位。

（1）要消除"低人一等"的消极安全心理，定位到乐于为副

一些长期担任副班组长的人认为自己提为正职无望，感到前途渺茫而自卑；而一些年轻的副班组长认为自己学历高、年富力强，在副职岗位上难以施展自己的才干，从而产生消极心理。特别是在安全生产工作中总感到自己比正职地位低、低人一等，说话不算数，面子不好看，于是怨天尤人，颓废消极，缺乏安全工作积极性。其实，副班组长是班组领导班子工作分工的客观需要，是组织形式上的必要岗位，副职既不是虚职，也不是正职的附属物。正班组长和副班组长只是组织分工的不同，没有贵贱之分。副班组长必须摒弃虚荣心，在领导班组的安全生产工作中具备坦荡无私的胸怀，强化甘当人梯的意识，培养正确对待升迁的心态和观念，乐于当好副职。

（2）要消除"正不如我"的赌气心理，定位于甘当配角上来

在班组现实的安全工作中，有些副班组长喜欢孤芳自赏，不正确地估计自己，认为自己的安全工作成绩比正班组长强，工作能力和水平比正职高，却委身副职，感到屈才，从而产生赌气的心理，或消极对待安全工作，甚至完全不履行安全职责，或要与正职"平起平坐"，甚至争当核心。有了这种安全工作心理，就会角色错位，自作主张，越权行事，喧宾夺主，把自己的主张强加给正班组长，甚至贬低正班组长，看正班组长的笑话，不当助手当对手。这是一种严重的安全心理障碍。副班组长作为配角，有自己的安全工作责任空间和权力空间，绝不能违反职务分工原则，把自己的角色形象放到不恰当的位置。即使正班组长在安全工作的某些方面不如自己，也不能恃才傲物，更不能对正班组长蔑视嘲笑。要当好配角，副班组长就要充分认识自己所处的位置和在安全工作中的作用，增强核心意识、程序意识、能级意识，准确地把正班组长放到主角的位置上，真正当好正班组长安全生产的参谋助手。

（3）要消除拘泥资格的依赖心理，定位到积极参政上来

目前在企业的班组中普遍存在副班组长依赖正班组长的现象。一些副班组长在安全生产工作中认为，正班组长是扛大旗、抓大事者，而自己只不过是摇摇小旗、敲敲边鼓的人。因此，他们在自己的安全职责范围内，当说不说，当断不断，事事向正班组长请示汇报，好像只有这样才是不越权越位，尊重正职。这是一种错误的认识。副班组长在班组领导班子中具有特殊的地位和作用，他们虽是副职，但在局部安全问题上是决策者；他们虽是配角，但在单项

167

安全工作中是主角。在自己的安全职责范围内，副班组长应该积极参政、大胆负责，创造性地开展安全工作。这就要求副班组长始终保持积极奋进的精神状态，敢于负责又不揽权，尽心尽责用好权，在安全决策中发挥好参谋功能，在安全指挥中发挥好执行功能，在理顺安全关系中发挥好协调功能，当好正班组长的安全生产先锋，真正独当一面，保证正班组长抓好班组安全生产大事。

（4）要消除趋附的迎合心理，定位到坚持安全原则上来

班组中还有一种不容忽视的现象，就是个别副班组长在安全工作中迎合正班组长。他们在正班组长面前，处处瞻前顾后、谨小慎微，唯恐得罪了正班组长，甚至唯唯诺诺，言听计从，阿谀奉承，致使那些明显错误的安全工作决策，也能够在班组班子中顺利通过。这些副班组长之所以这样，可能是受环境的影响，也可能是考虑自己的利益和前途，或慑于正班组长的专断和淫威。但无论什么原因，在班组安全生产工作中，副班组长在任何时候都应光明磊落、不卑不亢，尤其在重大安全原则是非问题上，要坚持真理，不讲面子。对正班组长要尊重而不盲从，始终坚持"安全第一，预防为主，综合治理"的原则。要做到这一点，就必须增强大局现象，摆脱名利绳索的束缚。

副班组长在安全生产工作中的特殊性和安全职责的重要性，要求其一定要讲究安全心理定位，注意个人心理卫生。只要副班组长在加强安全生产理论学习、提高安全意识的同时，进行正确的安全心理定位，就一定能够更好地发挥自身的安全工作作用。

97. 当好副班组长的"四个结合"

作为一个副班组长，在安全工作中如何找准位置，如何有分寸而又卓有成效地开展工作，成为许多人悉心探索的课题。在班组安全工作实践中，有部分副班组长总是顾虑重重，放不开手脚，安全工作的积极性、主动性、创造性不够。究其原因，主要存在着"五怕"：一怕别人说自己进步心切，喜欢出风头。二怕别人说自己越权越位，摆不正位置。三怕别人说自己自以为是，不服从领导。四怕安全工作犯错误，影响自身进步。五怕自己锋芒太露，引起正班组长不快。副班组长在安全工作中要消除这些心病,当好副班组长,就要放开手脚,同时注意做到"四个结合"。

(1) 政策性与创造性相结合

班组的许多安全工作有着很强的政策性,副班组长作为班组领导班子成员,做任何安全工作都必须按照上级的有关文件和领导指示精神行事,不能有任何越轨行为。从这个意义上讲,在安全工作政策和班组领导班子中所处的位置等诸多因素的制约下,副班组长在安全工作中拓展的空间较小;即便有所拓展,也只能在安全政策和领导规定的空间内进行。作为副班组长,必须有很强的政策意识,但这并不意味着执行上级安全工作指示和决定只能照葫芦画瓢,机械地照搬条文。在班组安全工作中,副班组长在坚持执行上级安全工作指示不走样的前提下,要大胆而创造性地开展工作,把严格执行安全生产政策与创造性地开展安全工作有机地结合起来。要做到这一点:一要吃透精神不走样;二要富有创意不机械;三要把握分寸不越轨;四要切合实际不离谱。

(2) 从属性与独立性相结合

下级服从上级,这是组织原则。副班组长对于正班组长来说,处于从属的位置,应当时时处处维护正班组长的核心地位和威信,服从正班组长的领导和指挥。在班组安全工作中,副班组长服从并不意味着盲从,从属并不意味着依附。作为班组领导班子中的副职,在安全工作中要具有相对的独立性,在尊重和服从正班组长领导的前提下,独立而大胆地开展安全工作。一是人格的独立。二是思考的独立。三是工作的独立。

(3) 被动性与主动性相结合

班组安全工作都有很强的程序性,什么事该做,什么事不该做,什么事该谁做,怎么做,都有严格的规定。副班组长基于自己特定的角色,程序意识应更为强烈,做事必须严格按规定程序执行,任何时候都不能擅自做主。从这个意义上讲,副班组长处于被动的位置,但这并不意味着在安全工作中处处等球打,把自己当作算盘珠不拨不动。在安全工作中应做到"两个主动":一要主动思考。结合自己的分管工作,认真做好深入细致的调查研究,为正班组长安全工作决策提供准确可靠的参考依据。二要主动提建议。在安全工作中,要充分发挥副班组长的参谋助手作用,积极提一些建设性的安全生产意见。

(4) 个体性与群体性相结合

在班组安全工作中副班组长要强化这种意识：即强化个性与共性相依从的意识。副班组长应大胆地展开个性，不要压抑个性。个性往往和进取心、创造力紧密相连。一个只知唯唯诺诺，机械执行命令，不敢越雷池一步，安全工作毫无创意的副班组长，不是合格的副班组长。但作为副班组长，其个性的展示必然受到大环境和特定身份等客观因素的制约。首先，必须以大局为重，考虑到群体的利益，个人不得凌驾于组织之上，不能以自我为中心，更不能因强调人人自由而损害大局的利益。自我感觉良好孤芳自赏、我行我素，是极不可取的。其次，要把握分寸，表达方式适当得体，要确立"配角"意识，注意维护正班组长的威信，个性的展示不能损害正班组长的威信。作为副班组长，不仅要有争"单打冠军"的勇气，更要有夺"团体冠军"的胸怀。副班组长在安全工作中，要始终以事业为重，不能光考虑个人的进退得失。尤其是在安全工作决策的过程中，正班组长做出的安全工作决定有待完善时，要敢于说真话、讲实话，大胆发表意见，阐述自己的观点，不怕得罪人，不怕别人说自己出风头。只要正确地处理个性展示和群体利益的关系，即使暂时受到一些误解，最终总会得到正班组长和员工们的理解。

副班组长在安全工作中，做到了以上"四个结合"，就能抛弃其他的思想顾虑，放开手脚当好副班组长。

98. 履新的副班组长在安全工作中如何定位

刚从一般岗位升任副班组长，在安全工作中加强自身学习，提高素质，找准自己的位置是非常重要的。否则，就很容易与班组其他领导成员产生矛盾，进而影响班子的团结。笔者认为，升任副班组长后要给自己在安全工作中准确定位，应把握好以下几点。

(1) 不争权力——要做事

从一般员工升任副班组长在刚走马上任的一段时间，往往觉得自己走上了班组领导岗位，就应当有领导的权威和威风，进而在安全工作中表现出一些不正常的言行：一是向正班组长要权力。二是不让正班组长过问分管工作。三是眼睛盯着班子其他成员的权力。四是只要权力不要责任。

作为一名刚上任的副班组长，在安全工作中存在着某些偏差是可以理解的。但是，既不学习又不谦虚，必然产生不良的后果。副班组长在处理安全问题时，应当做到把做事放在第一位。一是要以正班组长为核心，在正班组长的指导下做好分内事。二是要以安全工作落实为核心，做好每一件事。副班组长不仅要做细致的安全工作，而且要承担做不好安全工作的责任。能不能做事，能不能做好事，不仅取决于其能力，还取决于其态度。如果把自己当成领导，高高在上，是肯定做不好事的。三是要在做事上争取权力，副班组长在安全工作中的任何权力都不是要来和争来的，而是由于上级领导或正班组长信任而赋予的，是正班组长为了让副班组长把某项安全工作做好而授予的。一个副班组长在安全工作中越是能够做事，拥有的权力就越多；反之，做事越少，权力就越小。

（2）不摆架子——要尽责

有的副班组长刚刚走马上任就与分管的下属出现了紧张的对峙状态，甚至出现了不可调和的矛盾。这一现象很大程度上是副班组长认识出现偏差，思想定位不准造成的。

作为一名合格的副班组长，在安全工作中与下属关系紧张的时候，要不摆架子，踏踏实实地工作，用实力赢得支持，改变下属不配合、不支持的心理。如果在下属尚未认同自己的时候就摆起来一副领导架子，只会将本来并不和谐的关系弄得更僵。副班组长在刚上任的一段时间里，要同下属一道接受正班组长下达的安全生产任务，一道进行筹划，然后再同下属一道去进行落实，尽力避免同极少数尚未认同自己的下属发生冲突。对于具体的安全工作任务，在自己尚未熟悉的情况下，要敢于向熟悉的下属学习，倾听其意见建议，用诚恳的态度赢得下属的尊重。

（3）不挑是非——要合作

有的副班组长刚刚上任就与班组其他成员产生隔阂，不是他对别人有意见，就是别人对他有意见。出现这种情况的原因一般也是其定位不准造成的。一是不能够尊重班子其他成员，尤其是过去的分管副班组长，总认为都是班子成员，凭什么我要尊重你。二是不容其他成员插手自己分管的事务。在很多企业班组，人员交叉使用是正常的，业务交叉也是正常的。有的副班组长不仅把事看得很紧，把人看得很紧，班子其他成员一旦插手了自己的事或用了自己分管范围内的人，就大发脾气，弄得其他成员难以下台。三是听不得班组成员的不同意见，尤其是自己分管工作范围内的事务，容不得任何异议。

作为一名刚上任的副班组长，在处理上述问题时，一要搞好与班组其他成员之间的合作。无论对方排名或任命时间在先、在后，都应给予相应的尊重。二要以班组整体利益为重，搞好与班组其他成员之间的合作。要能够正确看待权力，安全生产工作分工不分家，不论谁的事，只要关系班组全局都要及时补位；不论谁的下属，只要能够多做事，都要给予全力支持。三要以宽广的胸怀，搞好与班组其他成员之间的合作。只要是对的意见和建议，都要接纳；即便是不对的，也要分析一下其中是否有值得吸纳的合理成分。

(4) 不计名利——要团结

有的副班组长把名利问题看得很重。一是把个人的能力和作用看得很重，认为这个安全事项他做了什么什么，那件安全事务没有他会如何如何。其实，任何一项安全工作都是大家共同努力的结果，夸大自己的能力和作用是极不妥的。二是在小事上计较，甚至是一些不值得一提的小事。三是争名夺利，对荣誉争着要，对利益更是一样也不能少。应当说，职务晋升是对自己进行奖励的重要措施之一。但是少数晋升的副班组长在认识层面上、工作阅历上、心理上还缺少做班组领导必须具备的一些素质。

由一般员工升任副班组长后，应当重视这个问题，在名利面前要让一步，做到以团结为重。一要多学。二要经常反思自己，能够从别人的角度思考问题。三要大事讲原则，小事讲风格。尤其是在对待个人利益和荣誉时要甘当"绿叶"，真正做到与正班组长配合不争权，与班组其他成员合作不越位，支持下属安全工作不争功，做一个人人喜欢、维护班组团结、称职的副班组长。

99. 副班组长在安全工作中应保持好"三种心态"

一名副班组长，在安全生产工作中，能正确认识自己，摆正自己的位置，是干好安全工作的必要条件。笔者始终认为，副班组长要以"副"为荣，以

"副"为乐,把职责当事业,把岗位当荣誉,尽心竭力做好每件事,对班组安全工作十分有利。具体讲,就是要保持好三种心态。

(1) 要有责任心

作为一名副班组长,在安全工作中要有高度的使命感、责任心。有使命感、责任心,实际上也是对自己高度负责的具体体现。副班组长只是在正班组长的领导下开展安全工作的,不管所分管的工作是否重要,是否被别人重视,甚至是否有实权,副班组长自己首先要重视,要把自己主抓的工作基本情况掌握清楚,工作具体标准研究透,处理事情原则把握准。该自己做主的要"当好家",该向正班组长请示的及时汇报,既不能不分主次乱"拍板",也不能事无巨细都请示,只当传话筒、办事员。特别是当所分管的工作遇到棘手、难办的事情时,要多想办法,积极主动解决,不能该办的不办,不该办的乱办。作为副班组长,在正班组长面前是被领导者,但不是依附者。要服从正班组长的领导,积极支持正班组长工作,但对待工作特别是安全工作不能盲从,不能不讲原则地"百依百顺"。对待正班组长在安全生产中的错误,要敢于指出,确保安全工作决策不失误。在某种程度上,副班组长岗位给人的感觉是工作可多干,也可少干。多干,不仅容易出现失误,而且造成与正班组长、其他副班组长的误会;少干,别人也难发现,且不必承担太多责任。但笔者认为,无论是正班组长还是副班组长,只是分工不同、岗位不同,安全职责是一样的。如果自己松一松、散一散,自己所分管的工作就会出错,一个班组的安全生产就会出问题。因此,作为副班组长,要在安全工作中主动加强自我约束,增强主人翁意识,树立高度负责的精神,为班组安全建设做贡献。

(2) 要有平常心

副班组长在安全工作中要有一颗平常心,得到褒奖,有了成绩,做出贡献,不得意、不骄傲;工作中遇到困难、挫折,泰然处之,不灰心、不失望、不退缩。副班组长要善于自我调节,会做自己的思想工作,作为副班组长有时候不被正班组长重视,甚至会被个别下属小视,出现这种情况,笔者认为是对一个人的考验,特别是对一个刚任职不久的副班组长的考验。所以,副班组长自己要做好岗位调节后的思想调整,安全工作方法调整,不能停留在过去看问题、解决问题的方式方法上。副班组长要努力当好配角,积极协助正班组长抓好安全生产工作,当正班组长在安全工作上出现漏洞、失误时,要主动提醒,主动站出来为其排忧解难。作为副班组长,不管分管的工作是否重要,都有具体的工作事项。有时为了全局利益，自己分管的工作会受到影响，甚至受到冲击。遇到这种情况，更应该有一颗平常的心，讲大局、顾全盘，维护好大局的利益、整体的利益。要坚决服从上级安全工作决策，支持正班组长，服从命令，而不能从局部利益出发向上级讲条件。副班组长要保持平常心，还要强化吃亏心理，不讲名利，当好无名英雄，不争权、不争位、不诿过、不讲待遇、不讲索求，在下属中树立自重、自省、自警、自励的好形象，事事处处当好"绿叶"。

（3）要有进取心

如果副班组长对岗位失去热情，则必然会失去追求和动力，必然会失去下属的信任和支持，更不可能干出成绩。只要有岗位、有工作，就应该在安全工作中保持一种进取精神。一个人在任何时候都不能淡化自己的进取心、责任感。人们常说："在岗一分钟，干好六十秒。"一个人的进取心，往往有时也就体现在这"六十秒"上。作为副班组长，要始终感到前面有正班组长这个榜样，后面有下属这些追兵，如果自己没有进取心，不加强学习，不注重提高，将会被淘汰。副班组长安全工作中尤其不能懒惰，要在其位、谋其政、尽其心、用其力；脑要勤想、嘴要勤讲、手要勤动。不能懒惰，也不是事必躬亲，而是该说的一定要说，该做的一定要做，而且一定要说好、做好。副班组长在安全工作中勤快，能起到教育和激励下属的作用。当副班组长把自己的工作做好了，员工也能主动配合，班组安全就能建设好。

副班组长在安全工作中对个人的职务追求应看得淡一些，在享受待遇上要求应降低一些，对进步的期望值应当实际一些。如此，才能当好副班组长。

100. 副班组长如何当好正班组长的安全工作助手

企业班组的副班组长是班组的重要组成人员，对正班组长来说，又是协助其负责某一方面工作的助手，通过对正职负责来实现对班组集体负责，特别是对整个班组的安全生产工作更是如此。

要负好这个责，换言之，要成为一名合格的副班组长，除了必须具备良好的安全素质、安全道德，以及基本的安全工作才干外，关键是要掌握安全工作要领，干到点子上，取得好效果。具体来讲，就是在安全生产工作中力求做到分管有底、守土有责、协调有方、沟通有效。

（1）分管有底

副班组长对自己所分管的安全工作，对各个岗位、工种的安全生产情况要做到心中有数。这是理清安全工作思路、确定安全活动方案，运用安全措施方法、抓好安全规章落实的基础，也是正班组长和班组领导班子做出安全工作决策的基本依据。安全情况心中有数至少表现在这几个方面：一是要了解并熟悉与分管安全工作有关的各项安全法律法规、方针政策，班组安全工作的历史概况、现状、今后发展的趋势，以及各种安全生产关系内在的本质规律。不然，制定政策、提出要求就可能有悖班组安全生产的规律和实情。二是要明确分管安全工作的重点、热点和难点，这些都必须了如指掌，不然便容易出现主次错乱，以致劳而无功。三是要掌握各岗位的内外部基本情况，诸如岗位成员的基本情况，岗位外部有联系的其他岗位对本岗位的基本评价和期望值等。这是作为副班组长对分管的安全生产工作实施指导、协调、监督的必要依据。

（2）守土有责

对于自己分管的具体安全工作而言，副班组长是最高领导，因而必须有独立处置分管安全工作的责任感，必须有魄力，少上交矛盾，不给正班组长添乱。具体来讲，主要有三个方面：一是敢于负责。对班组各岗位、工种的重要安全工作要敢于决策，出现的问题敢于揽过，防止凡事都优柔寡断，怕担责任，不敢负责，更要防止下属来请示汇报时，不发表明确的意见，而一味地推给正班组长，让下属去向正班组长请示。二是要严于管理。对班组各岗位、工种要严格要求，绝不能被下属牵着鼻子走。因为下属各岗位、工种在各种主、客观因素的驱动下，有时可能过于注重岗位利益而不顾及大局，或怕承担安全工作责任而向上推卸，或草率从事而做出不科学的决定。当此，作为分管的副班组长，务必要及时矫正，从严制止，该批评时就严厉批评，该说硬话时就敢说硬话。三是要善于负责，在分管的安全工作中要分清主次和轻重缓急，规范安全生产程序，注意安全工作方法，讲究安全办法策略，既要搞好各岗位和各项安全工作任务的平衡，又要把握和创造时机进行重点突破。

（3）协调有方

副班组长在安全生产工作中的最大难点在于协调，尤其是一些跨岗位、多工种的关系以及重大安全操作和检修的实施，由于涉及面广、关系到各岗位的切身利益，协调工作难度很大，因此，讲究安全工作协调方法至关重要。一般可以根据不同情况分别采取以下几种方法：一是借力法。凡关系到全班组又涉及面较广，难度非同一般的安全问题，就要请正班组长出面主持协调。正班组长由于其更大的职权、更高的威信、对全班组更高的把握度，出面协调往往可以化难为易。当然，这种方法不可使用太多，不然会增加正班组长的压力，削弱正班组长协调的力度。二是重点法。有些安全生产问题虽涉及岗位、工种多，但其中往往有一两个岗位、工种是起主要作用的，只要重点把这一两个岗位、工种的工作做通，其他岗位、工种的安全问题就可以迎刃而解。三是研讨法。这要召集相关岗位、工种的负责人举行会议，副班组长提出问题交大家研究讨论，在研讨中统一对协调安全问题的认识，明确各自的义务和责任，最终形成各自的决心，此为在研讨中统一，在统一中明确，在明确中表态。副班组长协调安全工作，其协调力度及协调效果在很大程度上是以个人非权力因素为重要基础的。一个副班组长应具有相应的人格力量，诸如做人清白公正，做事求真务实，待人真心实意，具有令人信服的常识才干等。

(4) 沟通有效

副班组长与正班组长的有效沟通是当好正班组长安全工作助手的重要前提。一是正班组长负责班组全面工作，他对各位助手主管的各项工作不可能面面俱到，但又必须知其大略，知其安全工作要点。因此，副班组长向正班组长汇报自己分管的安全工作过程是使正班组长做到有所知的主要渠道。二是正班组长的支持是副班组长做好安全工作的关键。要支持就有支持什么、怎么支持的问题。为此，副班组长必须提供自己的思路使正班组长的安全生产信息来源面广量多，其中既有喜报又有忧信，既有信息又有情况。正班组长对这些安全生产信息不可能都一一核实，而不核实又往往会产生对岗位或副班组长工作的某种误会。因此，副班组长与正班组长及时沟通就显得极为重要。既然沟通如此重要，那么就应研究沟通方法。班组安全生产实践中往往有两种情况：第一种是由于种种原因岗位的负责人直接向正班组长做了汇报，结果班组长对这部分工作已了如指掌，而副班组长分管却一无所知；第二种是向正班组长汇报请示过密，而自己却没有切实可行的具体思路，在正班组长与岗位、工种之间只充当了一个联络员而不是参谋的角色，因而这种沟通成效甚低。副班组长对正班组长的沟通要把握两点：一是规范性。明确哪些安全问题是应该且必须向正班组长汇报、请示沟通的，哪些安全问题是可以不必请示的。副班组长必须定期向正班组长汇报前一阶段的安全生产情况及下一阶段的安全工作打算，以及其中需要正班组长帮助解决的安全问题，使正班组长对副班组长分管的工作中的安全状况有一个大体了解和把握。这既体现了对正班组长的负责，又有利于提高安全工作效率。二是参谋性。副班组长与班组长沟通，无论是汇报还是请示，都应该有自己的主见，这种主见，就是一种参谋，是为班组长提供的安全生产决策依据。假如自己无主见，那么副班组长对正班组长的负责就是一句空话。